LE PREMIER LIVRE
DES PETITS GARÇONS

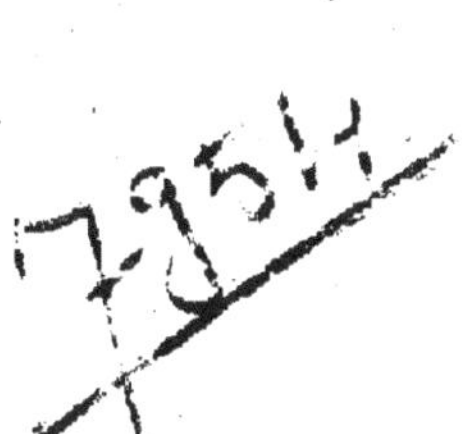

PARIS. — LIBRAIRIE LAROUSSE
RUE MONTPARNASSE, 13-17. — SUCCURSALE :
RUE DES ÉCOLES, 58 (SORBONNE).

LE PREMIER LIVRE DES PETITS GARÇONS

SCÈNES ENFANTINES. — MORALE TIRÉE DES EXEMPLES. QUALITÉS A ACQUÉRIR. DÉFAUTS A ÉVITER.

Par C. BERVILLE

93 Gravures

TROISIÈME ÉDITION.

PARIS. — LIBRAIRIE LAROUSSE
RUE MONTPARNASSE, 13-17. — SUCCURSALE :
RUE DES ÉCOLES, 58 (SORBONNE).

AUX PETITS GARÇONS

*Le petit livre que voici vous inté-
ressera certainement.*

*En feuilletant les pages de ce
livre, vous rencontrerez de véritables
amis, vos parents, vos maîtres, qui vous donne-
ront de bons exemples et de bons conseils.*

*Vous rencontrerez aussi des camarades bien
élevés que vous voudrez imiter ; et de vilains garçons paresseux et malpropres qu'il faudra fuir
comme la peste.*

*Vous verrez encore sur les pages de votre
livre de belles images, représentant les êtres que
vous aimez le plus : des personnes, des bêtes, des
fleurs, des joujoux.*

*Ces images sont de bons modèles à imiter :
vous essayerez de copier les plus simples, de les
dessiner sur votre ardoise ou sur du papier.*

*Si vous réussissez ces dessins, on vous
permettra de les colorier, et cela sera bien
plus joli et bien plus amusant.*

*En travaillant ainsi avec
plaisir, vous aurez toujours du
cœur à l'ouvrage et deviendrez
de vaillants ouvriers.*

LE PREMIER LIVRE
DES PETITS GARÇONS

1. — **Le Pè re.**

Mon pe tit en fant, as-tu ja mais pen sé à la bon té de ton pè re, à son dé voue ment[1] pour toi ?

C'est pour toi qu'il tra va ill e, sans se do nner un ins tant de re pos, et que la su eur cou le si sou vent de son front.

C'est pour te do nner du pain, pour t'a che ter des vê te ments, qu'il ne mé na ge pas ses pei nes et se fa ti gue tout le jour.

Ton pè re, en fant, son ge sans ces se à toi ! Le ma tin, a vant de par tir à sa be so gne, il va à ton lit, te re gar de af fec tu eu se ment, te ca res se, et l'on di rait qu'il ne peut se dé ci der à te quit ter.

Du rant le jour, ton sou ve nir l'en cou ra ge, le sti mu le² dans son tra vail, et la pen sée de te re voir bien tôt lui ré jou it le cœur.

Aus si, le soir, quand il ar ri ve bien las de sa jour née, va au-de vant de lui, tends-lui les bras, em bras se-le bien, a dres se-lui de dou ces pa ro les, et alors il ou blie ra sa fa ti gue, il te sou ri ra, et il se ra heu reux.

En fant ! ai me et res pec te tou jours ton pè re, sois sou mis à ses moin dres vo lon tés.

Mots expliqués. — 1. *Dévouement :* il consiste à faire tout pour plaire et être utile, à ne pas compter ses peines. — 2. *Stimuler,* exci ter, encourager.

Questionnaire. — Pour qui le père travaille-t-il chaque jour ? — Que fait-il avant de partir à sa besogne ? — Que doit faire un enfant quand son papa arrive le soir ? — Quels sont les devoirs d'un enfant envers son père ?

> *RÉSOLUTION.* — J'OBÉIRAI TOU-
> JOURS A PAPA, JE PENSERAI A
> SES BONTÉS POUR MOI, ET JE
> L'AIMERAI COMME J'AIME MAMAN.

2. — La Mè re.

U ne ma man! c'est tout ce qu'il y a de meill eur sur la ter re. Ja mais un en fant ne peut ai mer as sez sa mè re; vous al lez voir pour quoi :

Les fleu ret tes pous se*nt* tou tes seu les dans les champs, sans que per so nne s'en oc cu pe. El les ré-jou is se*nt* nos yeux par leur bel le cou leur et nous em bau me*nt* par leur doux par fum.

Les pe tits pou lets, dès qu'ils sor-te*nt* de leur co quill e, se coue*nt* leurs

ai les hu mi des et se ren dent à l'appel de leur mè re : cot! cot! cot!
qui leur a trou vé de la nour ri ture,
et ils s'en do nnent à cœur joie[1].

Il n'en est pas de mê me de l'enfant. Que de vien drait-il sans sa mè re ?
A sa nais san ce il ne voit pas, il n'entend pas, ses pieds ne peu vent le porter, il est si fai ble qu'il ne peut se
sou te nir.

C'est la mè re qui s'em pa re de ce
pe tit ê tre frê le et dé li cat; el le
l'ai me plus qu'el le-mê me, le nour rit
de son lait, l'en ve lop pe de lan ges
bien chauds, le dé po se dans u ne cou-
chet te mo el leu se com me le nid des
pe tits oi seaux.

C'est la mè re qui veil le sur son enfant nuit et jour, qui é pie ses moin-
dres dé sirs, le soi gne quand il est ma-
la de, es suie ses lar mes quand il

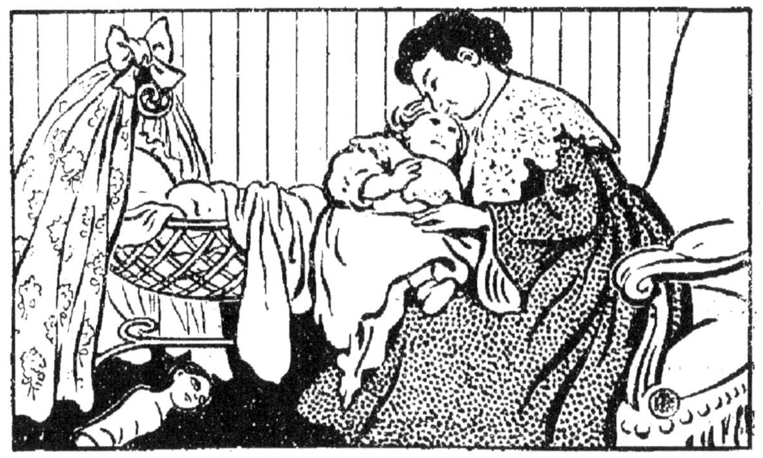

pleu re, le ber ce dans ses bras et le cou vre de bai sers pour le con so ler.

Un en fant qui fait de la pei ne à sa mè re a mau vais cœur, il fait mal pen ser de lui ; c'est un in grat[2].

L'en fant qui n'a plus de ma man est bien mal heu reux ; il faut le plain dre, c'est un or phe lin[3].

Explication de mots. — 1. *A cœur joie*, joie au cœur. — 2. *En-fant ingrat*, qui ne sait pas reconnaître les bontés de ses parents. — 3. *Orphelin*, qui n'a plus ni père ni mère, ou qui a perdu l'un d'eux.

Questionnaire. — Dites tout ce que fait une mère pour son enfant. — Comment un enfant doit-il se conduire envers sa mère ?

RÉSOLUTION. — J'AIMERAI TOUJOURS MAMAN DE TOUT MON CŒUR ET JE NE LUI FERAI JAMAIS DE PEINE.

3. — **Pe ti tes bê tes. Pe tits en fants**.

J'ai vu un jeu ne moi neau tom bé du nid et mis en ca ge. Il cri ait a vec dé ses poir. A ses cris, son pè re et sa mè re sont ar ri vés, et à tra vers les bar reaux lui ont do nné la bec quée. Du rant un mois ils ont nour ri ain si le pe tit pri so nnier.

J'ai vu une pou le en tou rée de ses pous sins; elle grat tait la ter re pour trou ver des ver mis seaux ou des grai nes, et cri ait : cot! cot! cot!, ce qui vou lait di re : man gez, voi là du na nan. Et les pous sins se bous cu lai*ent* et dé vo rai*ent* ce que leur mè re trou vait; et cel le-ci ne gar dait rien pour el le...

J'ai vu une chat te al lai tant ses pe tits au fond d'u ne cour. Un do-gue se pré sen te. La chat te se pré-ci pi te au-de vant de lui, les yeux flam boy ants, le poil hé ris sé, et poussant d'ef fray ants frrrou ! frrrou ? Et le chi en, de vant cet te mè re en fu reur, dé ta le au plus vi te.

Et j'ai dit : « Si les a ni maux ai m*ent*, nour ris s*ent*, pro tè g*ent* ain si leurs pe tits, com bien plus en co re font les pa rents pour leurs en fants ! ils les é lè v*ent*, les ins trui s*ent*, et leur a mour du re tou te la vie. Oh ! co mme un en fant doit ai mer son pè re et sa mè re, et leur ê tre re co nnais sant ! »

Idées à développer. — Racontez ce que font pour leurs petits les animaux dont il est parlé dans cette histoire. — Comparez ce que font les parents pour leurs enfants, et tirez une conclusion.

4. — Le La pin dé so bé is sant.

Un pe tit la pin s'en nuy ait au ter rier (c'est sa mai son qui s'ap pel le ain si). « Ma mè re, se di sait il a vec hu meur, ne veut pas que je sor te sans el le, c'est en nuy eux. Je ne co nnais ri en des a len tours et j'au rais tant de plai sir à trot ter, à brou ter li bre ment le thym et le ser po let ! Un jour qu'el le sor tira, je m'é chap pe rai de la mai son. »

Et Jea nnot, en ef fet, se sau va un beau ma tin. Or, é cou tez ce qui ar ri va :

Jea nnot, tout ré jou i par le gai so leil,

a vait à pei ne fait quel ques ca-
bri o les sur l'her be et goû té au
thym par fu mé, qu'un mé chant
a ni mal ar ri va près de lui.

C'é tait un re nard. D'u ne gros se
voix, le re nard de man da : « Que
viens-tu fai re i ci ?

— Mon sieur, j'a vais be soin de
pren dre l'air, je me pro mè ne, ré-
pon dit Jea nnot tout trem blant.

— Est-ce qu'on ne t'a pas dit qu'il
est dan ge reux de se pro me ner
seul quand on est pe tit ?

— Si, bien sou vent ; mais je ne
le croy ais pas.

— Tu a vais tort ; en voi ci la
preu ve. » Et, se je tant sur le pau-
vret, maì tre Re nard le dé vo ra en
quel ques bou chées.

Idées à développer. — La maman
avait-elle raison de défendre à son
petit de sortir seul ? Pourquoi ? —
Qu'est-il arrivé au petit lapin pour
avoir désobéi ? — Quelle conclusion
en tirez-vous pour vous-mêmes ?

5. — Le Premier Pas.

Bé bé a vait on ze mois pas sés et le pa res seux ne mar chait pas en co re... Quand on le met tait sur ses jam bes, il se pe lo ton nait et rou lait... dans la pous siè re.

Mais hier, on é tait au jar din, le pa pa po sa son pe tit gar çon par ter re, il l'ap puy a le long d'un banc et se pla ça en a vant. Puis, il dit, en é ten dant les bras : « Bé bé! viens voir pa pa. » Bé bé se re tour ne et hé si te. Son pè re l'en cou ra ge et lui dit : « Viens em bras ser pe tit pa pa, tu au ras du bon bon. »

L'en fant, co mme un châ teau

bran lant, fait un pas… puis deux…, puis trois, et il ar ri ve… sur le cœur de son pè re.

Ho nneur au bé bé ! Il a ga gné ses ga lons[1] ; c'est un grand gar çon main te nant : il sait mar cher tout seul.

Puis *sent* tous les pas que tu fe ras dans le che min de la vie, en fant, ètre aus si heu reux que le pre mier ?

Mot expliqué. — 1. *Galon*, signe distinctif d'un grade. Un caporal porte deux galons de laine.

Idées à développer. — Racontez les premiers pas d'un bébé qui commence à marcher. — Pourquoi les parents sont-ils joyeux ?

6. — La Pre miè re Cu lot te.

Or di nai re ment, An dré dort co mme une mar mot te[1], et sa ma man est o bli gée de le ré veill er.

Mais ce ma tin, jour de fè te dans le vil la ge, An dré est é veill é, il a les yeux tout grands ouverts quand sa mè re en tre dans la cham bre. Vou lez- vous que je vous di se pour quoi ? C'est qu'André, au-

jour d'hui mè me, doit quit ter sa
ro be de pe ti te fill e, è tre ha bill é
en ho mme co mme son pa pa et
é tren ner[2] sa pre miè re cu lot te.
C'est u ne af fai re très im por tan te.

Voi là donc la ma man qui tient
en tre ses mains le pré ci eux vè-
te ment. An dré l'ad mi re, sau te de
joie, et sa mè re l'ai de à pas ser
u ne jam be, puis l'au tre; et l'o pé-
ra tion n'est pas sans pré sen ter
quel que dif fi cul té. Il faut a vou er
qu' An dré est un peu em bar ras sé,
gê né dans ses mou ve ments. Ce la
se com prend : le man que d'ha bi-
tu de...

Ses mol lets sont à dé cou vert et
il lui sem ble bien qu'il a froid;
mais la pen sée qu'il est dé sor mais
un grand gar çon le con so le. On
fi nit par l'ha bill er et l'on ap pel le
le pa pa. Le pè re, en a per ce vant
An dré, frap pe dans ses mains, rit
dans sa bar be, en lè ve l'en fant

dans ses bras, et lui dit : « A la
bo nne heu re ! Main te nant j'ai donc
un fils, j'en suis fier, et tout à
l'heu re il va ve nir se pro me ner
a vec moi. »

En ef fet, An dré y al la. En
mar chant il le vait la tê te, sur-
mon tée d'un beau bé ret rou ge, et
sem blait di re aux pas sants : je
suis en cu lot te, je suis un ho mme,
re gar dez-moi donc !... et on le re-
gar dait.

Puis que vous ê tes un ho mme,
Mon sieur An dré, que vous por tez
la cu lot te, il faut ê tre de plus en

plus rai so nna ble et ap pren dre
vi te à li re, à é cri re, et de ve nir
bien sa vant. A dieu, et bon cou ra ge !

Mots expliqués. — 1. *Marmotte*, animal qui dort tout l'hiver. —
2. *Étrenner*, mettre pour la première fois.

Idées à développer. — Pourquoi André se réveille-t-il de bonne
heure le jour de la fête du village ? — Quelle chose importante devait
donc se passer ? — Comment André se tenait-il durant la promenade
avec son père ? — Puisque André n'a plus les vêtements d'un bébé,
qu'il est un grand garçon, que doit-il faire ?

7. — Le Por trait d'An dré.

Je vais vous fai re le por trait
très res sem blant du pe tit An dré,
qui va de ve nir vo tre ca ma ra de.

An dré a six ans, trois mois et
qua tre jours. Il est grand et fort
pour son à ge.

Ses che veux sont fins et soy eux ;
ils sont d'un blond, co mment di-

rai-je? de la cou leur du blé mûr, et sont fri sés co mme la toi son d'un mou ton, ce qui fait qu'ils sont dif fi ci les à pei gner.

An dré a les yeux pres que aus si bleus que les bleu ets des champs; ses joues sont re bon dies, fraî ches et ro ses, et do nne*nt* en vie de les em bras- ser; sa bou che est si pe ti te, si pe ti te, que c'est à pei ne si u ne ce ri se peut y passer; et c'est en nuy eux, ce la.

Son nez est un peu re le vé, ce qui lui do nne un air mu tin[1], et son men ton res- sem ble à ce lui de tout le mon de.

Quant à sa tour nu re[2], el le est vrai ment dis tin guée. An dré se tient droit co mme un i, et lors qu'il se pro mè ne à cô té de son pa pa, sans vou loir qu'on lui do nne la main co mme à un bé bé, il faut le voir avec son ves ton de ve lours, son cha peau de pa ill e po sé crâ ne ment sur sa tè te, sa ba di ne[3] de jonc à la main, ca deau de son on cle pour ses é tren nes ; a lors il al lon ge tant qu'il peut ses pe ti tes jam bes et veut mar cher au pas, ce qui a mu se beaucoup son pè re.

Et quand ce lui-ci lui de man de : « Es - tu fa ti gué, mon pe tit garçon ? » il ré pond : « Pas du tout, » et le pè re très fier lui dit : « A la bo nne heure ! tu se ras un jour un bon sol dat, un so li de gail lard. »

A ces mots, An dré se re dres se et se car re de plus bel le. Il faut a vou er que c'est un bel en fant, et co mme il est bien é le vé, vous pouvez en fai re vo tre a mi.

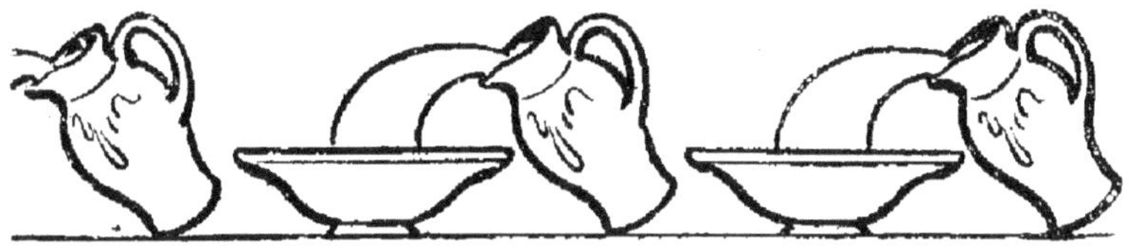

Idées à développer. — Si l'on vous demandait de faire le portrait exact d'André, que diriez-vous ? — Pourquoi pouvez-vous prendre André comme ami ?

8. — André se réveille. Sa toilette.

Il est huit heures du matin. La maman d'André entre sur la pointe du pied dans la chambre où il dort, entr'ouvre doucement les rideaux du lit, et voit son petit garçon qui vient de s'éveiller, les cheveux ébouriffés, la figure épanouie, qui lui tend les bras en disant : « Bonjour, maman, » et il l'embrasse de tout son cœur.

« Ah ! le beau soleil

qui vient me vi si ter ! a jou te-t-il en
ri ant ; je veux me le ver tout de sui te. »
Et vi te, il sort de sa cou chet te.

Sa mè re l'ai de un peu à s'ha-
bill er, pas beau coup ; co mme An dré
est très sa ge, il se lais se pei gner

sans mur mu rer, et quand on lui ti re
un peu les che veux il se con ten te
de di re : oh ! oh ! hi ! hi ! sans crier,
sans tré pi gner co mme le font les
en fants dé rai so nna bles.

A pré sent, c'est le tour de la fi-
gu re et des mains. An dré n'a pas
peur de l'eau froi de ; il y trem pe
ré so lu ment sa ser vi et te, la pas se

sur sa fi gu re, par tout, et n'ou blie pas les o reill es. C'est ce qu'il y a de plus en nuy eux quand on se dé-bar bou ill e.

A la fin, la mè re ins pec te la toi-let te. Et le voit le vi sa ge d'An dré pro pre, les che veux bien lis ses, les joues ro sées, les mains blan ches et net tes, et lui dit : « Mon en fant, te voi là bien, tu peux main te nant al ler voir ton pa pa. »

Et An dré y va aus si tôt. Sui vons-le, pour sa voir ce qu'il va lui di re.

9. — An dré va di re bon jour à son pa pa.

Il lui de man de quel que cho se.
De vi nez...

« Bon jour, pa pa ! J'ai fait ma toi-let te co mme il faut ; re gar de co mme je suis bien dé bar bou ill é ; je suis très sa ge de puis au moins deux jours ; ma man ne m'a pas gron dé ce ma tin.

aus si je viens te de man der, mon
pa pa, puis que tu vas au jour d'hui
à Pa ris, de m'a che ter un po li chi-
nel le et un che val assez grand pour
que je puis se mon ter des sus.

— Rien que ce la : deux cho ses à
la fois ! Mais, au moins, tu ne dé so-
bé i ras plus ja mais à ta ma man ?

— Je te le pro mets, pa pa.

— Quand el le vou dra te fai re
li re une pa ge, tu vou dras bien ?

— Oui, mê me deux pa ges, peut-
ê tre trois...

— Tu t'ap pli que ras à é cri re, à
bien for mer tes let tres ?

— Oh ! oui, cer tai ne ment, pa pa ;
mê me je comp te rai jus qu'à cent,
quoi que je n'ai me guè re ce la. Puis,
quand tu se ras oc cu pé à fai re des

comp tes, je ne te tour men te rai pas, je ne fe rai pas de bruit, je ne tou che rai pas aux pa piers de ton bu reau.

— Al lons, c'est bien, mon pe tit An dré ; tu au ras bien tôt ton po li chi nel le et ton che val.

— Mer ci, pa pa ; mais bien tôt, est-ce que ce se ra de main ?

— Oui, puis que tu pa rais pres sé, ce se ra de main. »

Et le len de main, je vous le dis avec plai sir, An dré a eu ses jou ets, plus beaux qu'il ne l'es pé rait.

C'est ain si qu'on ré com pen se les en fants sa ges et qui veu lent bien ap pren dre à li re, à é cri re, à comp- ter.

Idées à développer. — Qu'est-ce qu'André demande à son père ? — Que lui répond son père ? — Quelles promesses lui fait André ?

> *RÉFLEXION.* — QUAND UN ENFANT
> DÉSIRE QUE SES PARENTS LUI FAS-
> SENT UN PLAISIR, IL FAUT QUE, DE
> SON CÔTÉ, IL CHERCHE A ÊTRE
> AGRÉABLE A SES PARENTS.

10. — Com ment on de vient un en fant par fait.

Veux-tu, pe tit An-
dré, de ve nir un bé bé
à peu près par fait, c'est-
à-di re un pe tit gar çon
o bé is sant, ne se fai-
sant guè re pu nir et pas sou vent
gron der, seu le ment quel que fois
par ha sard? Je vais te di re ce qu'il
faut fai re pour ce la. Ce n'est pas
dif fi ci le, é cou te bien.

Il faut.

Le ma tin, quand on te dit : « Lè ve-
toi, » il faut te le ver tout de sui te,
sans te fai re ti rer l'o reill e : et le

soir, quand on te dit : « Cou che-toi et dors, » il faut fer mer les yeux et dor mir aus si tôt.

Il faut te lais ser la ver la fi gu re et mou cher sans pleu rer, sans fai re la gri ma ce, et aus si te lais ser pei-gner sans gein dre.

Il faut man ger cou ra geu se ment ta sou pe jus qu'à la der niè re cu ill e-rée, et quand on te do nne une tar-ti ne, ne pas seu le ment lé cher les con fi tu res, mais man ger le pain a vec.

Il faut a voir tou jours tes mains bien la vées et sur tout tes bo nnes joues bien pro pres.

Il ne faut pas.

Il ne faut pas jou er a vec ce qui pi que, co mme les é pin gles et les ai gu ill es ; ni a vec ce qui brû le, co mme le feu, les al lu met tes ; ni a vec ce qui cou pe, co mme les cou-teaux et les ca nifs.

Il ne faut pas grim per sur les chai ses pour re gar der par la fe nê tre dans la rue, car les pieds sui vraient la tê te et le tout dé grin go le rait jus qu'en bas.

Il ne faut pas ti rer les o reill es du chien, ni la queue du chat, ou ga re aux é gra ti gnu res!

Il ne faut pas met tre ex près tes pieds dans les fla ques d'eau que tu ren con tres dans ton che min; ce la te do nne rait un gros rhu me.

Il ne faut pas, quand tu es à table, met tre la main dans le plat, ce qui est im po li, ni four rer trop de nourri tu re à la fois dans ta bou che, ce qui est mal pro pre.

En voi là as sez pour au jourd'hui; le res te, à plus tard.

Idées à développer. — Un de vos camarades se plaint d'être toujours grondé et puni. Donnez-lui le moyen de ne pas l'être, et pour cela, dites-lui ce qu'il faut faire et ne pas faire.

11. — Do do! l'enfant do!

Un jour, la maman d'André lui dit :
« Mon enfant, je vais être obligée de
m'absenter une heure; tu vas rester
tout seul avec notre vieille bonne
Jacqueline, et, comme tu es un grand
garçon de six ans passés, je compte sur
toi pour veiller sur ta petite sœur et
en prendre soin.

— Sois tranquille, maman; je vais
m'occuper de Julie et l'amuser ». dit
André. Julie est le nom de sa sœur.

En effet, André, aussitôt sa mère
partie, alla près du berceau de sa sœur
et, comme elle pleurait et demandait : « Maman! maman! » André la
consola en disant : « Tout à l'heure
maman viendra; ne pleure pas, Julie, »
et il lui apporta sa grande poupée qui

dit *papa* et *maman, bonjour* et *bonsoir*.

Après, il prit un chien qui aboie pour rire et fait : gnouf! gnouf! quand on pèse dessus. Comme Julie voulait autre chose, — car les bébés aiment beaucoup le changement, — il lui apporta des gâteaux secs, des croquettes de chocolat.

Puis, à la fin, ses petits yeux se fermèrent, et André, tel qu'il l'avait vu faire à sa maman, la berça, c'est-à-dire remua doucement le berceau pour l'endormir plus vite; il chanta même à mi-voix : *Do do! l'enfant do! l'enfant dormira tantôt.*

Si bien que quand la mère rentra elle trouva Julie dormant et André assis près d'elle, ne faisant pas de bruit et regardant un livre d'images.

La maman, enchantée, caressa An-

dré, et, dans la journée, elle l'emmena
au bazar[1] et lui acheta un fusil et
une giberne[2] qu'il désirait beaucoup
avoir pour jouer aux soldats avec ses
camarades.

On gagne toujours à être raisonnable
et à faire plaisir à ses parents.

Mots expliqués. — 1. *Bazar*, magasin de marchandises diverses
et de jouets. — 2. *Giberne*, sorte de boîte recouverte de cuir, et où
l on met des cartouches pour le fusil.

Idées à développer. — Racontez tout ce qu'André a fait pendant
l'absence de sa mère pour amuser sa petite sœur. — Quelle résolution
prenez-vous pour l'imiter, si besoin en était?

12. — Consolateur de sa mère.

Madame Renault a eu le malheur de
perdre son mari, employé au chemin
de fer; elle est donc veuve, et elle a
trois enfants à élever. Elle est ouvrière
de son état, c'est vous dire qu'elle n'est

pas riche. Aussi, après la mort de son mari, elle était toute découragée et se disait en elle-même : « Je ne pourrai jamais subvenir[1] aux besoins de cinq personnes par mon travail. »

J'ai oublié de vous dire que madame Renault avait chez elle sa vieille mère, âgée de quatre-vingts ans, sans aucune ressource[2], mais qui pouvait encore rendre quelque service dans la maison.

Heureusement, l'ouvrière avait son fils aîné, Alfred, âgé de près de treize ans, qui était on ne peut plus raisonnable. Il comprit la douloureuse position de sa mère et

résolut d'être son aide et son conso-
lateur. Tous les matins, c'est lui qui
s'occupait de son frère et de sa petite
sœur : il les réveillait doucement, les
faisait lever, habiller, les aidait au
besoin, puis les emmenait manger la
soupe, préparée par la grand'mère :
ensuite il les conduisait lui-même à
l'école maternelle. Pendant ce temps,
la mère travaillait et pouvait gagner
ainsi une bonne journée.

Le soir, Alfred allait chercher les petits écoliers et les ramenait à la maison.
Aussi il fallait voir comme ils aimaient
leur grand frère ! Il faut avouer qu'il
le méritait bien, car Alfred, n'ayant pas
encore son certificat d'études, allait encore à l'école, mais son bon cœur lui
donnait du courage, et il trouvait le
temps de faire tout ce qui était utile
pour soulager sa mère.

Tous les soirs il mettait en écrit le travail du jour et faisait les notes des clientes. Sans lui, sa maman n'aurait jamais pu nourrir et élever sa famille, elle serait morte de chagrin, et alors que seraient devenus la vieille mère et les trois petits enfants? Cela fait frémir rien que d'y penser. Honneur à Alfred !

Mots expliqués. — 1. *Subvenir*, pourvoir. — 2. *Sans ressource,* sans argent.

Idées à développer. — Que pensez-vous de la conduite d'Alfred ? — Si votre mère avait besoin un jour que vous l'aidiez, agiriez-vous comme lui ?

13. — **Le Nid de chardonneret.**

Frères et sœurs.

C'était par une douce matinée de printemps; une maman était au jardin avec ses trois enfants : Claire, l'aînée, Georges et Madeleine.

Tout à coup, ils virent voler un oiseau au-dessus de leur tête, et ils entendirent aussitôt

après de pe-
tits cris ai-
gus : Cui
cui cui ! cui
cui cui ! C'é-
taient des
petits char-
donnerets
auxquels leur mère apportait de la nourriture et qui lui disaient dans leur lan-
gage d'oiseau : « A moi ! à moi ! à moi ! »

La maman des enfants s'approcha du
nid avec précaution, et leur fit voir, en
écartant les feuilles, les cinq petits glou-
tons[1], au bec liséré[2] de jaune, qui se pres-
saient les uns contre les autres, se tenaient chaud mutuellement[3] et semblaient bien heureux. « Comme ils ont
l'air de s'aimer, dit Claire attendrie, et
que leur nid serait triste et semblerait

vide s'il n'y avait qu'un oiseau dedans ! »
Et, se rapprochant de son frère et de sa
sœur, elle les attira près d'elle, les serra
dans ses bras et dit en regardant sa
mère : « Maman, qu'on est heureux
d'avoir des frères et des sœurs à chérir ! »

A apprendre par cœur.

Combien on doit aimer ses frères et ses sœurs !
Que ces liens sont doux ! Ensemble dès l'enfance
Unis par les devoirs, unis par la naissance,
Où trouver des amis et plus sûrs et meilleurs !

Mots expliqués. — 1. *Glouton*, qui mange très vite, avec excès. —
2. *Liséré*, bordé. — 3. *Mutuellement*, les uns les autres; ils s'entre-
tiennent chaud tous ensemble.

Questionnaire. — Doit-on se trouver heureux d'avoir des frères et
des sœurs ?

14. — Comment Georges partage ses bonbons avec sa sœur.

Un enfant qui a bon cœur ne garde
pas pour lui tout seul les bonbons qu'on
lui donne, il les partage avec ses frères
et ses sœurs, même avec ses cama-

rades. A ce sujet, écoutez bien l'histoire suivante :

Un jour, Georges reçut de sa tante une boîte pleine de papillotes. Vous savez que dans les papillotes on trouve des pastilles de chocolat, plus une devise, un proverbe, enfin quelques lignes imprimées sur une bande de papier blanc. Or, le jour dont je vous parle, Georges croquait du chocolat venant de ses papillotes. Sa mère lui dit alors : « Tu as donné de tes bonbons à ta petite sœur, n'est-ce pas ?

— Oh! oui, petite mère; seulement, moi, je vais vous expliquer : je prends le chocolat et je donne les devises à Madeleine; elle aime tant lire, elle !! »

Il n'est pas bête, Georges. Que diriez-vous s'il faisait ce partage avec vous : seriez-vous contents?

Idées à développer. — Est-ce bien partager que de prendre pour soi ce qui est bon et de donner ce qui reste? — Georges a agi avec ruse : ce n'était pas bien; comment aurait-il dû faire?

15. — **Un partage de fruits**.

Une maman avait rapporté du marché une provision de jolies pommes d'api et de noix; en arrivant, elle dit à son petit garçon: « Henri, partage ces fruits avec ta sœur, ils vous serviront pour vos goûters. Surtout, sois bien juste.

— N'ayez crainte, maman, » répondit Henri.

Henri se mit donc à compter les noix et les pommes; mais il eut le soin de glisser dans son tas les noix qui lui semblaient les meilleures et les pommes les plus saines.

La mère avait vu ce manège[1] du coin de l'œil et n'avait rien dit :

« As-tu fini de compter? demanda-t-elle.

— Oui, maman, et les deux tas sont bien pareils.

— S'il en est ainsi, dit la mère, prends pour toi la part de ta sœur, je lui donne la tienne.

— Mais...

— Mais, quoi? Puisque tu as fait les parts égales, peu importe l'une ou l'autre. »

Et la voix de la maman était sévère.

Qui fut bien attrapé? c'est Henri, l'égoïste[2]. Il baissa la tête, rougit, et honteux pensa en lui-même : « J'ai eu tort. C'est vilain de garder pour soi tout ce qu'il y a de bon. Cela ne m'arrivera plus. On doit penser aux autres et partager avec justice. »

Mots expliqués. — 1. *Manège*, façon d'agir rusée. — 2. *Égoïste*, qui ne pense qu'à soi.

Idées à développer. — Est-ce bien de garder pour soi le meilleur? — Quel défaut avait Henri ? — S'il était votre frère, quel conseil lui donneriez-vous ?

16. — **La Grand'mère d'Albert.**

Albert a une grand'mère qui est vieille, bien vieille; jugez un peu : elle a plus de quatre-vingts ans, bientôt cent ans, un siècle !

Albert aime beaucoup son aïeule, c'est-à-dire la mère de sa mère; il va la voir tous les jours, il lui demande gentiment de ses nouvelles, puis il voit si elle a besoin de quelque chose; il lui ramasse son mouchoir, son journal, va chercher ses lunettes, sa tabatière, et il l'égaye par son babil.

La bonne vieille a toujours dans sa chambre pour son cher petit garçon des tablettes de chocolat, des boules de gomme, des dragées, et c'est plaisir

de voir Albert croquer toutes ces frian-
dises. Je dois dire qu'Albert irait tout
de même voir sa grand'mère si elle ne
lui donnait pas de bonbons.

Quand Albert a de petits
chagrins — tous les enfants
en ont — elle le console,
essuie ses pleurs. Elle le fait
lire, compter, et lui raconte de jolis
contes, comme le petit Chaperon rouge,
Cendrillon, le Chat botté. Pour qu'Albert n'ait pas froid, elle lui
tricote des bas de laine, un
cache-nez; aussi il ne s'ennuie jamais avec grand'mère;
c'est elle qui lui dit quelquefois : « Va jouer avec tes camarades, »
et, chose que vous aurez peine à croire,
il ne reste pas longtemps et dit à ses
amis : « Je vous quitte pour
aller avec grand'mère, nous
promener dans le jardin;
c'est moi qui suis son bâton
de vieillesse, elle appuie sa

main sur mon épaule en marchant. »

Les enfants doivent aimer et respecter leurs grands-parents et chercher à leur faire plaisir, à leur rendre de petits services; car, hélas! ils n'ont peut-être pas longtemps à les posséder.

Questionnaire. — Comment prouve-t-on à ses grands-parents qu'on les aime ? — Racontez tout ce que fait Albert pour faire plaisir à sa grand'mère, et dites ce que la grand'mère fait pour être agréable à son petit-fils.

RÉSOLUTION. — JE VEUX AIMER DE PLUS EN PLUS MES GRANDS-PARENTS, ET JE CHERCHERAI TOUS LES MOYENS DE LEUR ÊTRE AGRÉABLE PENDANT QUE J'AI LE BONHEUR DE LES POSSÉDER.

17. — Les Portraits de l'album.

La grand'mère est assise dans son fauteuil; elle a autour d'elle ses quatre petits-enfants. Auguste, le bébé, lui demande gentiment : « Grand'mère, voulez-vous nous montrer de belles images ? » L'aïeule prend alors un

album, l'ouvre, et page par page, montre tous les portraits qu'il contient.

« Ah ! voilà grand-père avec sa canne, puis grand'mère avec ses lunettes et sa tabatière !

— Tiens ! voilà papa en chasseur et maman dans sa belle toilette !

— Ah ! regarde, Auguste, comme notre petit cousin est ressemblant ; et Georgette, qu'elle est gentille ! » Toute la famille et les amis défilent...

A la dernière page, dans un coin, se trouvait la photographie d'un garçonnet de quatorze ou quinze ans. Thérèse dit à sa bonne-maman : « Quel est celui-ci ? Nous ne le connaissons pas. » Aussitôt la figure de la grand'mère prit un air de profonde tristesse, un soupir s'échappa de sa poitrine; elle ferma vivement l'album et ne répondit rien.

Faut-il que je vous le dise? C'était le portrait d'un de ses fils qui, par sa mauvaise conduite, lui avait causé les plus grands chagrins. Elle aurait voulu n'avoir pas été sa mère... Il lui faisait honte.

Idées à développer. — Aime-t-on à voir toutes les photographies de sa famille dans un album? Pourquoi? — En voyant chaque portrait, quelles réflexions viennent tout naturellement à votre esprit? — Pourquoi la bonne grand'mère n'a-t-elle rien dit à propos d'un portrait? — Quelle pensée cela vous inspire-t-il?

18. — **Le Petit garçon et le Vieillard.**

Un jeune et tout petit garçon,
Non moins intelligent qu'affable[1],
Assis sur un banc de gazon,
Devant chez lui, lisait sa fable;

Quand tout à coup, sur le chemin,
Passe un vieillard, courbé par l'âge,
Tenant un bâton à la main,
Et s'en retournant au village.

Et voilà que, soudainement,
Le pauvre vieil octogénaire[2]
A comme un léger tremblement,
Et son bâton roule par terre.

Aussitôt le petit garçon,
Plein de respect pour la vieillesse,
Courant ramasser le bâton,
Le lui rend avec gentillesse.

Et le bon vieux bénit l'enfant
De son action généreuse.
Il reprit sa route en disant :
« Que sa mère doit être heureuse ! »

L. BLANCHARD.

A apprendre par cœur.

Songez, mes chers enfants, qu'il faut que la jeunesse
Respecte les vieillards, écoute leurs discours,
Demande leurs conseils, leur donne des secours,
Et par des soins constants[3] soutienne leur faiblesse.

Mots expliqués. — 1. *Affable*, aimable. — 2. *Octogénaire*, qui a quatre-vingts ans. — 3. *Constants*, fréquents, de tous les instants.

Idée à développer. — Comment les enfants doivent-ils se conduire envers les vieillards ?

19. — **Patatras !**

Chute
        d'une pauvre femme.

Ce matin-là le pavé était fort glissant, il y avait du verglas[1]. Une pauvre vieille, qui pouvait avoir quatre-vingts ans, venait d'acheter du pain pour elle, du millet pour son oiseau et du foie pour son chat.

Au moment où elle arrivait près de sa demeure, voilà son pied qui glisse, et... patatras ! elle tombe par terre avec ses provisions.

Justement, trois petits garçons, allant à l'école, se trouvaient dans la rue à ce moment. Deux d'entre eux se mirent à rire comme de petits fous ; mais le troisième, Max, courut vers la pauvre femme, lui demanda avec bonté si elle ne s'était pas fait mal. Puis, il l'aida à se relever, ramassa les provisions et lui offrit son bras pour rentrer chez elle.

Quel excellent cœur! Quant à ses camarades, je ne veux pas vous dire ce que j'en pense.

A apprendre par cœur.

Quelqu'un, sur le pavé, chancelle[2]
Et tombe; on en rit aux éclats.
— Oh! de grâce, ne riez pas;
Peut-être sa chute est mortelle.

LACHAMBEAUDIE.

Mots expliqués. — 1. *Verglas*, couche de glace mince et glissante. — 2. *Chanceler*, vaciller sur ses pieds, être prêt à tomber.

RÉFLEXION. — RIRE QUAND QUELQU'UN TOMBE EST LE FAIT D'UN SOT ET D'UN MAUVAIS CŒUR; JE ME GARDERAI BIEN DE LE FAIRE.

20. — Comment on devient un bon écolier.

Veux-tu, mon enfant, devenir un bon écolier, faire la joie de ton maître, être le modèle de tes camarades? apprends par cœur ces dix commandements et mets-les en pratique. Ce n'est pas plus difficile que cela.

1. De bonne heure tu sauteras
   De ta couchette lestement.

2. Chaque jour tu te laveras
   La tête et les mains fortement.

3. Tes leçons tu repasseras
   Pour les savoir suffisamment.

4. Puis, l'air joyeux, tu te rendras
   A l'école directement.

5. Ton maître tu respecteras
   Et aimeras parfaitement.

6. Toujours docile, tu feras
   Ce qu'il commande exactement.

7. Surtout tu ne bavarderas
   Durant la classe aucunement.

8. Livres et cahiers tu tiendras
   En bon état, très proprement.

9. Tes amis tu ne choisiras
   Que parmi les bons seulement.

10. Chaque soir tu retourneras
    Dans ta famille promptement.

21. — Pourquoi il faut apprendre à lire, à écrire, à compter.

Un jour, Victor était à jouer à la balle, et il jouait avec ardeur, je vous prie de le croire, lorsque sa maman lui dit : « Viens prendre ta leçon de lecture, mon enfant; c'est l'heure. »

Victor, qui désirait encore s'amuser, répondit avec un peu de mauvaise humeur — ce n'était pas bien — : « Pourquoi apprend-on à lire et à écrire, dis, maman ? » Et la mère de répondre :

« C'est très utile de savoir lire, mon enfant. Quand on sait lire, vois-tu, on ne s'ennuie jamais, on a des livres qui contiennent des contes de fées, de jolies histoires, de belles images. On les regarde et l'on est content.

« Puis, quand le grand frère soldat, qui est en Afrique, écrit, on lit ses lettres tout seul et l'on a ainsi de ses nouvelles.

« Lorsqu'un enfant sait écrire, il écrit, en s'appliquant beaucoup, à son grand-père, à sa grand'mère, pour leur fête ou pour leur souhaiter la bonne année, et le plus souvent il reçoit d'eux de belles étrennes[1]; mais ce n'est pas seulement pour cela qu'on doit leur écrire, c'est surtout parce qu'on les aime...

« Ce n'est pas tout, il faut encore apprendre à compter. Quand un enfant qui a été sage reçoit un peu d'argent de ses parents, de ses oncles et tantes par exemple, il est utile qu'il sache la somme que contient son porte-monnaie, afin de pouvoir acheter les jouets qu'il désire le plus : un tambourin, des quilles, une panoplie[2], que sais-je ?

« Tu vois, mon petit Victor, combien il est nécessaire d'apprendre, de ne pas toujours jouer et de ne pas se faire tirer l'oreille pour travailler.

— Maman, je n'avais pas pensé à cela ; à présent je travaillerai bien, je vous le promets.

— Tu es bien raisonnable, viens que je t'embrasse, dit la mère heureuse ; je crois que tu tiendras ta promesse. »

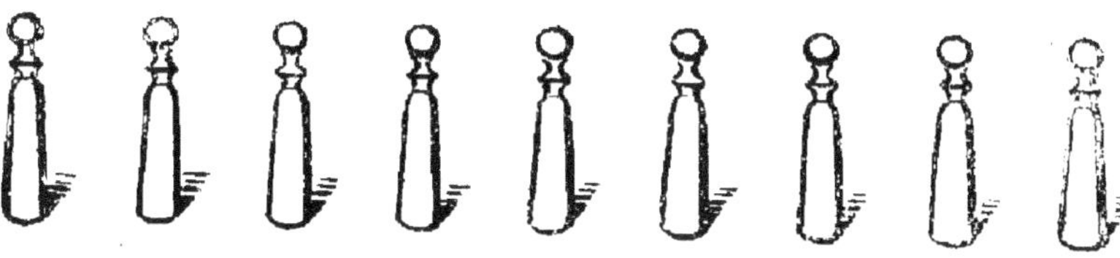

Depuis ce jour, Victor travaille avec courage et fait des progrès. Il ne veut pas ressembler à ces animaux à grandes oreilles qui font Hi han ! et qu'on appelle, devinez... et à qui l'on compare des enfants qui ne savent rien.

Mots expliqués. — 1. *Étrennes*, cadeaux faits à l'occasion du jour de l'an. — 2. *Panoplie*, collection d'armes disposées avec goût sur une planchette et que l'on suspend au mur.

Idée à développer. — Montrez qu'il est très utile pour un enfant de savoir lire de bonne heure, de savoir écrire, de savoir compter. — Donnez des exemples.

22. — Demain.

C'est une mère qui parle avec son fils :

« Allons, Jean, viens lire avec moi.

— Tout à l'heure, maman.

— Il est temps d'écrire ta page.

— Je la ferai tantôt.

— Et ta leçon à apprendre ?

— Ce sera pour ce soir.

— Et ton pupitre à ranger?

— Je le rangerai demain. »

Avec tous ces retards : tout à l'heure, tantôt, ce soir, demain, Jean fait peu de chose et ne fait rien en temps voulu. C'est un grand défaut. Le proverbe a raison de dire : Ne remets jamais au lendemain ce que tu peux faire le jour même, car demain est incertain.

Sais-tu si tu verras encore
Demain se lever le soleil?
Si ta nuit aura son aurore,
Et si ton coucher, son réveil?

Ainsi ne dis pas à ta mère :
« Demain, je serai sage, » enfant.
Mais dis-lui d'une voix sincère :
« Je veux l'être dès à présent. »

Tournier.

A apprendre par cœur.

Trois bonnes choses.

Il est surtout trois choses que j'admire
Et dont l'usage est utile et fort sain :
Ne plus manger sitôt qu'on n'a plus faim,
Ne plus parler quand on n'a rien à dire,
Et ne jamais renvoyer à demain
L'œuvre à laquelle aujourd'hui peut suffire.

23. — **Peu et bien.**

Pierre et Jean ont tous les deux dix ans, ils sont aussi grands l'un que l'autre, mais ils n'ont pas du tout le même caractère. Autant l'un est vif, pétulant, brouillon, autant l'autre est posé, calme, réfléchi. Les deux camarades se trouvent souvent placés à l'école sur le même banc, l'un à côté de l'autre, et l'on pourrait entendre quelquefois entre eux ce petit dialogue[1] :

« Ouf! j'ai fini mon devoir, quel bonheur! Et toi, Jean le « pas pressé », où en es-tu? Je suis sûr que tu en as encore pour une demi-heure !

— Oui, c'est vrai, je ne fais pas mes devoirs aussi vite que toi, répond Jean un peu vexé; mais je les fais sans doute mieux, puisque j'ai de meilleures notes. Je préfère aller plus lentement pour pouvoir m'appliquer; de cette manière je ne suis pas obligé de recommencer ma besogne, chose peu agréable, soit dit entre nous. »

Jean a raison : il vaut mieux apprendre parfaitement une leçon, écrire une page comme il faut, que d'ànonner[2] deux ou trois leçons et de gribouiller[3] cinq ou six pages. La qualité vaut mieux que la quantité. « Qui va lentement va sûrement, » dit un proverbe[4] italien.

 A apprendre par cœur. 

L'araignée, en ces mots, raillait[5] le ver à soie :
Mon Dieu ! que de lenteur dans tout ce que tu fais !
    Vois combien peu de temps j'emploie
A tapisser[6] un mur d'innombrables filets.
— Soit, répondit le ver ; mais ta toile est fragile[7],
    Et puis, à quoi sert-elle ? à rien.
    Pour moi, mon travail est utile ;
    Si je fais peu, je le fais bien.

LE BAILLY.

Mots expliqués. — 1. *Dialogue*, conversation entre plusieurs personnes. — 2. *Anonner*, lire en hésitant, avec peine. — 3. *Gribouiller*, écrire très mal. — 4. *Proverbe*, maxime renfermant une vérité, un conseil. — 5. *Railler*, se moquer, plaisanter. — 6. *Tapisser*, recouvrir de tapisserie, de tenture. — 7. *Fragile*, facile à rompre.

Questionnaire. — Selon vous, qui a raison de Pierre ou de Jean ? — Expliquez le pourquoi de votre préférence.

24. — **Un bon camarade.**

Henri a neuf ans et demi ; il est grand et fort pour son âge ; son caractère est doux et sympathique[1]. Tous ses camarades l'aiment, et quand il arrive à l'école les figures s'épanouissent[2], on va au-devant de lui et c'est à qui lui fera bon accueil[3]. Pourtant, il lui arriva dernièrement une chose fâcheuse, qu'il ne méritait pas.

Un des écoliers, très emporté et très brutal, — car il y en a, paraît-il, — trouvant que Henri ne jetait pas assez vite la balle avec laquelle il jouait, le pousse avec violence et, sans le faire exprès, lui fait tomber la tête sur une marche en pierre ; aussitôt le sang coule en abondance. Le coup avait été si fort que le pauvre Henri était tremblant et pouvait à peine se tenir sur ses jambes.

Tout à coup la cloche sonne ; le blessé, aidé d'un camarade, essuie le mieux qu'il peut la plaie qui coule toujours, puis enfonce profondément sa casquette sur sa tête. Devinez-vous pourquoi? afin que le maître ne voie pas sa figure ensanglantée, et pour éviter ainsi une punition à son méchant camarade. Mais le généreux Henri ne put, lui, éviter un mauvais point pour n'avoir pas salué son maître et enlevé sa casquette en passant devant lui, comme il le faisait à l'ordinaire. Il arrive chez sa mère, pâle, défait, raconte son histoire tout en excusant son camarade. Il fut quinze jours à se remettre...

En voilà un bon camarade! Je l'aime, cet enfant, et je l'admire parce qu'il rend le bien pour le mal.

Mots expliqués. — 1. *Sympathique*, qui plaît, vers lequel on se sent attiré. — 2. *S'épanouissent*, deviennent ouvertes, joyeuses. — 3. *Bon accueil*, bonne réception.

Questionnaire. — Quel est le caractère de Henri ? — Aimez-vous celui de son camarade ? — Pourquoi ? — Racontez la scène du jeu.

RÉSOLUTION. — SI J'AI A ME PLAINDRE D'UN CAMARADE, JE FERAI COMME HENRI, JE LUI PARDONNERAI ET NE LUI RENDRAI PAS LE MAL POUR LE MAL.

25. — Où l'on va voir de bons petits cœurs.

La sortie de l'école venait de sonner et tous les écoliers se rendaient au préau pour manger.

Chacun tirait son panier et prenait ce que sa mère y avait mis. Les mamans sont si bonnes ! Pour l'un, c'était un morceau de viande ou un morceau de fromage, ou des œufs durs. Pour d'autres, c'étaient du chocolat, des gâteaux secs. Dans presque tous il y avait aussi des fruits comme dessert, et chacun mangeait de bon appétit[1].

Dans un groupe[2] se trouvait un enfant aux vêtements propres, mais bien usés ; des larmes coulaient de ses yeux, il ne mangeait pas, était maigre et pâle, et avait l'air triste.

« Pourquoi ne manges-tu pas ? lui dit un grand qui était près de lui. — Moi, je n'ai que du pain sec et pas beaucoup, » répondit le petit malheureux.

A ces mots, tous les camarades qui l'entouraient ouvrent leur panier, et à qui mieux mieux[3] lui donnent de ce qu'ils ont, si bien que leur protégé[4] en a plus qu'eux-mêmes. Aussi c'est de joie qu'il pleure maintenant et dit merci!

On m'a assuré, je ne sais si c'est vrai, mais cela doit être, que depuis ce jour les camarades continuent à garnir son panier. On a de la peine à le reconnaître : il est frais et gai, et tout cela vient du bon cœur de ses camarades.

Ne restons pas insensibles au sort des malheureux, des pauvres ; plaignons-les et donnons-leur autant que nous le pouvons.

Mots expliqués. — 1. *Appétit*, plaisir à manger quand on a faim. — 2. *Groupe*, réunion (d'enfants). — 3. *A qui mieux mieux* : tous lui donnent avec entrain, à qui fera mieux. — 4. *Protégé*, celui à qui l'on fait du bien.

Questionnaire. — Comment est le préau de l'école ? — Racontez la scène qui s'y est passée. — Quand on se prive de quelque chose pour un camarade, est-on heureux ?

RÉSOLUTION. — LORSQUE JE VERRAI DES CAMARADES PAUVRES, MALHEUREUX, JE LEUR VIENDRAI EN AIDE AUTANT QUE JE LE POURRAI.

26. — **Maman! Monsieur!**

Rapporteur.

Quand Alphonse est à la maison, on l'entend dire sans cesse : « Maman! mon frère m'a fait tomber par terre. Maman! ma petite sœur m'a fait la grimace. » C'est intéressant à savoir, n'est-ce pas? « Maman! Eugène m'a pris ma bille. » Vraiment! eh bien, il faut la lui reprendre, petit nigaud.

S'il est à l'école, c'est son maître qu'il appelle sans cesse : « Monsieur! Gaston m'a poussé le coude. » Quel méfait! — « Monsieur! Robert regarde ce que j'écris. » Quel crime affreux! — « Monsieur! Auguste a fait une cocotte en papier. » Cela ne te regarde pas, petit rapporteur, mêle-toi de tes affaires.

Si Alphonse continue de rapporter, personne ne l'aimera et ses camarades le fuiront comme la peste, cela se comprend.

A apprendre par cœur.

C'est un bien grand défaut que d'aller rapporter ;
Ne vous permettez pas cette lâche vengeance.
Si l'on vous fait du mal, sachez le supporter ;
Qu'un oubli généreux suive à l'instant l'offense.

Idées à développer. — Aime-t-on les rapporteurs? — S'il s'agissait d'une chose grave, d'une mauvaise action qu'un camarade propose, d'un mauvais conseil qu'il donne, ne serait-il pas permis de le dire à ses parents ou à son maître?

27. — Un Souffre-douleur.

I

C'était un lundi matin; Victor, conduit par sa mère, arrivait à l'école. Il avait neuf ans, le pauvre petit, et était contrefait[1]. Ses grands yeux noirs faisaient ressortir la pâleur de son visage. Il paraissait très oppressé[2]. Tous les écoliers l'examinaient avec curiosité, quelques-uns se poussaient le coude et souriaient avec malice.

Durant au moins huit jours Victor fut en butte[3] à la méchanceté de ses camarades. Plusieurs l'appelaient « bossu, frère de Polichinelle », d'autres lui heurtaient le dos en passant près de lui ou s'adaptaient[4] une grosseur quelconque sur les épaules et se promenaient ainsi.

Devant — comment dirai-je? — cette infamie[5], Victor allait dans un coin et pleurait, de grosses larmes coulaient le long de ses joues amaigries ; il se disait, le cœur gros de soupirs : « Ne suis-je pas assez malheureux à cause de mon infirmité ! Pourquoi ces petits garçons sont-ils méchants pour moi ? Que leur ai-je fait ? Je suis leur souffre-douleur et je suis trop faible pour me défendre. Ah ! si maman, qui m'aime tant, le savait ! Je vais lui dire de me retirer de l'école. »

Sa mère ne le retira pas ; en voici la raison.

II

Maurice, le premier de la classe, était aussi bon, aussi aimable qu'intelligent. On l'aimait bien parce qu'il était obligeant et savait mettre la paix entre tous. Même on lui soumettait les querelles tant on le sentait juste. Il vit un jour à la récréation deux ou trois de ses camarades en train de se moquer de Victor et de le taquiner. Il s'approche et leur reproche leur conduite. « N'avez-vous pas honte, leur dit-il, de vous attaquer ainsi à un enfant infirme et maladif? Désormais, Victor sera mon ami, je le prends sous ma protection et je le défendrai envers et contre tous. »

Depuis ce jour, Victor n'eut à se plaindre d'aucun écolier; au contraire, tous le choyaient⁶ et voulaient lui faire plaisir.

Un mois environ après ce que je viens de vous raconter, une dame vêtue de noir, à la physionomie douce et triste, vint pendant la récréation et demanda au maître la permission de voir Maurice. Celui-ci s'étant présenté, la dame lui dit : « Je viens vous remercier, mon enfant, de ce que vous avez fait pour mon petit Victor. Il m'a tout raconté. Vous avez un excellent cœur. Permettez-moi de vous offrir, en souvenir de votre bonne action, ce petit objet. — C'était une jolie montre en argent, à remontoir. — Il vous dira la reconnaissance d'une mère qui vous bénit. »

Mots expliqués. — 1. *Contrefait*, difforme. — 2. *Oppressé*, respirait difficilement. — 3. *En butte*, exposé à. — 4. *S'adaptaient*, s'ajustaient. — 5. *Infamie*, action très mauvaise, vile. — 6. *Choyaient*, avaient des attentions pour lui.

Idees à développer. — Que pensez-vous de petits garçons qui se moquent d'un camarade difforme, faible et maladif? — Que devraient-ils faire? — Quelle a été la conduite de Maurice? — Feriez-vous comme lui dans la même circonstance?

28. — **Pourquoi Jean, qui était bon, devint méchant.**

Mauvaises

compagnies.

Jean avait près de dix ans, et jusqu'à ce jour il avait été un enfant charmant ; ses parents et ses maîtres n'avaient que des compliments à lui adresser. Mais voilà que petit à petit il change de conduite : il devient désobéissant, se laisse aller à la paresse, est quelquefois impoli, pour ne pas dire insolent, envers sa mère. Il se montre brutal envers son petit frère et même envers sa sœur. Les notes de son livret sont de plus en plus mauvaises, si bien que son père et sa mère sont au désespoir et ne comprennent rien au changement qui s'est opéré[1] en lui.

Un des jours de la semaine dernière, son

père se décida à aller trouver l'instituteur ; celui-ci promit de surveiller Jean très attentivement, surtout aux récréations ; il s'aperçut bientôt qu'il était toujours avec quatre ou cinq des plus mauvais élèves : paresseux, indisciplinés[2], fort mal élevés. Ils faisaient bande à part, se recherchaient les uns les autres comme il arrive en pareille circonstance : qui se ressemble, s'assemble. On trouva ainsi le mot de l'énigme.

Mal connu est réparable, dit-on : le maître s'entendit avec le père de Jean, et défense expresse fut faite à celui-ci de fréquenter les vicieux camarades qui avaient eu sur lui une si funeste influence[3] ; car, hélas ! nous devenons semblables à ceux que nous fréquentons. Jean va-t-il se corriger? Espérons-le, pour son bonheur.

A apprendre par cœur.

Un jeune enfant dans un tiroir
Mit au milieu d'oranges fort jolies
Une orange gâtée. En revenant un soir
  Il les trouva toutes pourries.
Jeunes amis, voulez-vous rester bons ?
Fuyez, fuyez les mauvais compagnons.

J. VILLEFRANCHE.

Mots expliqués. — 1. *S'est opéré,* s'est fait. — 2. *Indisciplinés,* qui n'observent aucune règle. — 3. *Funeste influence,* action mauvaise exercée.

Questionnaire. — Que signifie le proverbe « Qui se ressemble s'assemble » ? — Pourquoi Jean avait-il changé ? — Après avoir lu cette triste histoire, quelle résolution allez-vous prendre ?

29. — Est-ce le même petit garçon ?

Bien choisir ses amis.

Lucien allait dans une nouvelle école depuis la rentrée et, chose extraordinaire, il était devenu un bon écolier de mauvais qu'il était auparavant. Ses parents étaient enchantés du changement heureux qu'ils remarquaient dans leur fils et ne savaient à quoi l'attribuer, lorsque, un soir, Lucien raconta qu'il avait pour amis intimes deux garçonnets de son âge fort gentils, très studieux et bien élevés. Ils se plaisaient ensemble, se disaient tous leurs petits secrets, se faisaient de menus cadeaux, et se rendaient service au besoin.

Les parents de Lucien comprirent alors la raison du changement survenu dans la conduite et le caractère de leur fils. Autrefois il était colère, emporté, rageur ; aujourd'hui il est plus doux, plus patient, sans être encore parfait, cela se comprend. Autrefois on était

obligé de lui dire à tout instant : « Lucien,
étudie donc ta leçon ; » maintenant il se met
au travail de lui-même. Le matin, au lieu de se
faire tirer l'oreille pour se lever, il saute du lit
au premier appel et est toujours prêt à l'heure.
Sans s'en apercevoir, il profite des bons exemples et des bons conseils de ses camarades,
il les imite en tout, sans que cela lui coûte,
et il serait fort mortifié si ses petits amis remarquaient chez lui des défauts dont ils au-
raient honte.

Il faut que nos amis soient fiers de nous,
c'est le moyen de les conserver. On peut appliquer à Lucien ce dicton si vrai : « Dis-moi qui
tu fréquentes, je te dirai qui tu es. »

A apprendre par cœur.

La renoncule, un jour, dans un bouquet
    Avec l'œillet se trouva réunie ;
Elle eut, le lendemain, le parfum de l'œillet.
On ne peut que gagner en bonne compagnie.

Béranger.

★
★ ★

L'orgueilleux dahlia, disais-tu, ne sent rien.
Viens sentir celui-là.

      — Certe, il sent quelque chose.
Il a grandi longtemps auprès de cette rose :
Le parfum de la rose est devenu le sien.

L. Ratisbonne.

Idées à développer. — Un dicton est une sentence, une maxime, passée en proverbe ; expliquez le sens de ce dicton : « Dis-moi qui tu fréquentes, je te dirai qui tu es. » — Vous avez vu le changement opéré dans la conduite de Lucien parce qu'il fréquentait de bons camarades ; que concluez-vous de là ? — Comment choisirez-vous vos amis ?

---

30. — Bonjour, mon capitaine ! — Salut, mon colonel !

La Patrie.

Un jour, petit René alla trouver son papa dans sa chambre, et croyez-vous qu'il ne le reconnut pas d'abord ! Je vais vous en dire la raison.

Ce matin-là, son père était habillé en soldat, en officier de réserve, car il venait d'être appelé à faire une période d'exercices militaires.

René, tout ébahi, ouvrait de grands yeux étonnés ; il ne reconnut son père que quand

celui-ci lui dit :
« Viens m'embrasser, mon petit René. »

L'officier avait un beau pantalon bleu horizon, un dolman de la même couleur, un ceinturon d'où pendait une épée avec une dragonne au petit gland en cuir et trois galons d'or à son képi.

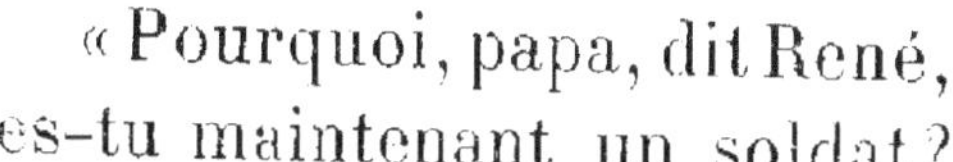

« Pourquoi, papa, dit René, es-tu maintenant un soldat ?

— C'est parce que je vais apprendre dans un régiment à être bien adroit dans le maniement des armes, et si des étrangers nous faisaient la guerre, je saurais les combattre.

— Papa, dit alors René, moi aussi, quand je serai grand, je voudrai être soldat.

— Certainement, mon petit garçon, et je suis sûr que tu seras courageux et brave comme on l'est dans notre famille. Tous les Français, vois-tu, doivent aimer leur patrie, c'est-à-dire la France, comme on aime une mère. »

Maintenant, que je vous dise une chose. Pendant que le père accomplissait sa période, la maman de René lui acheta un habillement complet d'officier, à sa taille, et quand le papa rentra à la maison il trouva sur le seuil de la porte un petit officier à l'air crâne qui, le revers de la main droite au képi, fit le salut militaire et dit : « Bonjour, mon capitaine, » — c'est sa maman qui l'avait stylé. — « Salut, mon colonel, » répondit le nouveau venu, et les deux soldats se mirent à rire en se donnant la main.

Questionnaire. — La France est notre patrie : doit-on aimer sa patrie ? — Qui doit servir et défendre la patrie ? — Tous les écoliers doivent-ils être soldats ? — Que penserait-on d'un écolier qui craindrait d'être un jour soldat ? — Dragonne, ornement en forme de cordon.

31. — Le Drapeau.

Le drapeau français a trois couleurs : bleu, blanc, rouge. On l'appelle *drapeau tricolore* à cause de cela. Le drapeau représente la patrie ; tous les Français l'aiment et les soldats le défendent jusqu'à la mort.

Un Baiser au drapeau.

Pour voir défiler les soldats,
A côté de moi, dans la rue,
Avec son enfant dans les bras,
Une femme était accourue,

Une femme au regard plaintif,
En deuil, en haillons [1] de misère ;
Et l'enfant était bien chétif,
Et bien triste la pauvre mère.

Mais ses yeux flétris [2] par les pleurs
A son petit garçon sourirent,
Quand parurent les trois couleurs,
Et quand les fronts se découvrirent;

Et voyant le drapeau passer,
L'humble mais bonne patriote,
Pour que l'enfant fît un baiser,
Guida sa petite menotte.

Ce fut instinctif, simple et beau.
O mère donnant, dès l'enfance,
A ton fils l'amour du drapeau,
Sois bénie, au nom de la France!

F. Coppée.

Mots expliqués. — 1. *Haillons*, habits misérables. — 2. *Flétris*, sans animation, abattus.

Idées à développer. — Racontez la scène du baiser au drapeau. — Que faut-il faire quand le drapeau d'un régiment passe ? Pourquoi ?

**32. — On dirait qu'il sort
d'une boîte.**

Propreté.

Voilà Bruno qui part à l'école; comme il
est bien lavé, peigné, brossé! Il fait plaisir à
voir. Aussi, toutes les mères qui le rencon-
trent le regardent en passant, sourient et s'ar-
rêtent un instant. Ah! c'est que la propreté
est une grande qualité : elle entretient la
santé, embellit les laids, donne du charme
à tout le monde et à toutes choses...

Mais il ne suffit pas d'avoir la figure et les
mains propres, il faut que la propreté règne
sur nous et sur tous les objets dont nous nous
servons. Ainsi Bruno n'a jamais une tache sur
ses vêtements, pas même sur sa blouse noire
d'écolier. Ses habits sont brossés tous les

jours, ses souliers par-
faitement cirés[1] : on s'y
mirerait. On dirait qu'il
sort d'une boîte !

A la classe, ses ca-
hiers n'ont pas un seul
pâté[2]. Vous ne voyez à
ses livres ni pages cor-
nées[3], ni pages déchi-
rées, et encore moins ces
taches graisseuses que

font, en les feuilletant, les mains malpropres.

Si Bruno a besoin de tousser, de cracher,
de se moucher, trois choses bien désagréables, il s'y prend adroitement, fait si peu de
bruit qu'on ne s'en aperçoit presque pas.
Quand il est à table, il ne laisse jamais tomber
de sauce ou d'aliment quelconque sur sa serviette, et s'il n'a pas de serviette, sur son
gilet, encore moins sur ses voisins. Rien de
plus déplaisant pour des convives que d'avoir
à côté de soi un enfant qui mange et boit sa-
lement ; cela les dégoûte.

Je propose Bruno comme modèle de propreté à tous les écoliers de France.

Mots expliqués. — 1. *Cirés*, enduits de cirage qu'on a fait reluire.
— 2. *Pâté*, goutte d'encre tombée sur le papier. — 3. *Cornées*, ayant
des plis, des cornes.

Questions d'intelligence. — Faites le portrait de Bruno après sa toilette du matin. — Quels sont les grands avantages de la propreté ? — Que fait Bruno quand il est à table ?

RÉSOLUTION. — TOUT LE MONDE AIME LES ENFANTS PROPRES ; AUSSI JE VEUX TOUJOURS ÊTRE BIEN DÉBARBOUILLÉ, AVOIR LES MAINS BLANCHES ET ÉVITER LES TACHES.

33. — **Jules n'a pas d'ordre.**

Voici la petite comédie qui se passe chaque matin au lever d'un écolier que je connais. Écoutez bien, c'est lui qui parle :

« Ah ! il est temps de se lever, maman m'appelle. Où est donc mon gilet ? Qu'est-ce que j'ai fait de mes bas ? Tiens ! qui a donc touché à ma brosse ? Où ai-je fourré ma blouse ? Et ma cravate, où est-elle ? C'est drôle, je ne trouve pas ma casquette. »

Qui parle ainsi ? C'est Jules le désordonné ; il ne met jamais rien en place et ne sait où prendre ses affaires. Comme il passe tout son temps à chercher, il se met toujours en retard pour son travail. Faut-il vous parler de son pupitre à l'école ? Je n'ose vraiment pas. Tout y est pêle-mêle, sens dessus dessous ; c'est à faire

mal au cœur... S'il a besoin d'un livre, ou d'un cahier, ou d'un crayon, il remue tout et met un quart d'heure à trouver l'objet nécessaire. Jules devrait apprendre cette maxime, si utile dans la vie :

Faire chaque chose en son temps, mettre chaque chose à sa place.

Idée à développer. — En voyant les ennuis que le désordre cause, quelle résolution prenez-vous ?

34. — Guy a la colique.

Gourmandise.

Manger quand on a faim est une chose bien agréable ; mais manger quand on n'a pas faim est le fait d'un gourmand, c'est se montrer moins raisonnable que les bêtes, car les bêtes ne mangent plus quand leur faim est assouvie[1]. Faut-il avouer qu'il y a des enfants assez gourmands pour manger sans raison, et n'importe quoi !

J'étais, un jour d'automne, en visite dans une maison amie. On vint prévenir la mère de famille que son petit garçon Guy, qu'on venait de coucher, était très malade ; il avait la colique et de fréquents vomissements. La mère, effrayée, court voir le petit malade et envoie chercher le médecin. Celui-ci constate[2] qu'il y a un cas d'empoisonnement. En regardant dans la cuvette, il croit comprendre la cause du mal et demande au petit malade s'il n'a pas mangé au jardin une espèce de fruit rouge de la grosseur d'une cerise. L'enfant avoua et le docteur, l'air assez préoccupé, lui administra un contrepoison[3] énergique. Il était temps : deux heures plus tard Guy serait mort dans des souffrances atroces. Le fruit rouge contenait un poison violent.

A ce propos, disons que certains enfants, pour ne pas dire tous, quand ils sont dans un jardin, au lieu d'admirer les fleurs, ne s'occupent que de savoir s'il y a quelque chose à manger ; ils regardent partout, courent, furètent[4], trottent comme de petits chiens sur les plates-bandes, autour des buissons, des arbustes, et cueillent tout ce qui a l'apparence de fruits, sans savoir ce que c'est, et ils s'exposent... à s'empoisonner.

Mots expliqués. — 1. *Assouvie*, rassasiée pleinement. — 2. *Constate*, reconnaît. — 3. *Contrepoison*, remède contre le poison. — 4. *Furètent*, fouillent partout.

35. — **Guerre aux allumettes !**

Imprudence.

Tous les jours on entend parler d'incendies causés par des enfants qui ont la détestable habitude de toucher aux allumettes, et de vouloir les enflammer, malgré la défense expresse[1] de leurs parents.

La semaine dernière, pas plus tard, on racontait qu'un village entier de la Bourgogne avait été détruit par le feu. Je vais vous dire ce qui en fut la cause.

Trois petits garçons, au lieu de se rendre tranquillement chez eux après l'école, voulurent aller faire un *feu de joie* près d'un tas de paille attenant[2] à la demeure de l'un d'eux, parce qu'il se trouvait pas mal de bois dans cet endroit-là. Ils allumèrent donc du feu avec

des brindilles[3]. J'ignore comment ils s'étaient procuré des allumettes.

Le vent ayant poussé la flamme vers un tas de paille, puis vers des bourrées[4], celles-ci s'enflammèrent, et de proche en proche les maisons furent atteintes. Les pompiers, arrivés un peu tard, ne purent circonscrire[5] l'incendie, les flammes montèrent à des hauteurs prodigieuses ; c'était effrayant, et, comme je vous le disais tout à l'heure, le village entier fut détruit durant la nuit.

Ainsi voilà, par la faute d'enfants désobéissants et imprudents, cinq cents personnes ayant perdu tout ce qu'elles avaient et réduites à la plus profonde misère. Disons donc : Guerre aux allumettes !

Mots expliqués. — 1. *Défense expresse*, formelle. — 2. *Attenant*, touchant, situé près de. — 3. *Brindilles*, menues branches. — 4. *Bourrées*, fagots de menu bois. — 5. *Circonscrire*, empêcher de s'étendre.

Idées à développer. — Pourquoi est-il dangereux de jouer avec des allumettes ? — Racontez le malheur arrivé par la faute de trois enfants. — Si vous voyiez un de vos petits camarades prendre une boîte d'allumettes, vouloir les faire flamber ou en mettre dans sa bouche, que lui diriez-vous ?

36. — Joue! Feu!

Le père de Gaston avait été longtemps soldat; il avait quitté l'armée avec le grade de sous-officier; alors son petit garçon avait souvent entendu parler d'armes de guerre, de fusils, de canons, etc.; il ne rêvait que combats et batailles. Il n'avait pas plus de quatre ans que son père lui achetait une collection de soldats... en plomb, un fusil en bois, un sabre *idem* et des canons... pour rire. Aussi n'avait-il pas de plus grand plaisir que de jouer aux soldats tout seul ou avec ses camarades, mais alors il voulait toujours être nommé... le général.

Il fallait le voir avec l'uniforme d'officier que sa grand'mère lui avait acheté pour ses étrennes. Le képi sur l'oreille, le pantalon rouge, la tunique bleu de roi serrée à la taille, le sabre à la main. Il ne lui manquait plus que des moustaches; il n'en avait pas, et pour cause. On l'entendait sans cesse commander à son régiment : « Par le flanc droit, en avant! Marche! »

Tout cela était fort bien; les armes dont il se servait n'étaient pas dangereuses et son père lui avait expressément défendu de toucher aux armes qui étaient dans sa panoplie : fusils. revolvers, pistolets, etc. Mais un jour, triste jour, vous allez voir, Gaston alla dans la chambre de son père chercher je ne sais plus quoi, et comme celui-ci était absent, il prit sur le bureau un petit pistolet qui s'y trouvait par hasard, et descendit au jardin près de son cousin Georges, qui était venu passer le jeudi de congé avec lui.

Gaston, enchanté d'avoir une arme aussi jolie à la main et qu'il ne croyait pas chargée, dit en riant à son cousin : « Mets-toi là devant moi, ne sois pas poltron, présente ta poitrine, c'est bien ; joue ! feu ! »

Hélas ! le pistolet était chargé ! Georges reçut la charge en pleine poitrine ; il tomba raide mort.

Qui plaisante et joue avec des armes à feu a toujours lieu de s'en repentir ; les plus grands malheurs sont à craindre.

37. — A cheval sur la rampe de l'escalier.

Trois petits camarades d'école habitaient la même maison, et cette maison avait quatre étages. Un jour qu'ils rentraient, l'un d'eux, je crois que c'était le plus âgé, eut la pensée diabolique [1] de se mettre à cheval sur la rampe de l'escalier et de se laisser glisser jusqu'au bas. Son père lui avait dit bien des fois tout le danger de ce sot amusement.

Il fit ainsi deux voyages au milieu des cris de joie de ses amis. Ceux-ci voulurent l'imiter et se mirent à cheval derrière lui. Quand ils furent placés tous trois, le premier se mit en mouvement et glissa; les autres suivirent avec élan [2]. Mais, je ne sais pour quelle raison, ses deux camarades arrivèrent sur lui sans pouvoir s'en empêcher, et tous trois tombèrent dans la cage [3] de l'escalier d'une hauteur de plus de dix mètres. Ce furent des cris épouvantables, et quand on vint à leur secours ils étaient à moitié morts ..

Il n'est pas besoin d'être sorcier [4] pour prédire [5] que tous les enfants qui s'amuseront de cette sotte manière en attraperont autant.

Mots expliqués. — 1. *Pensée diabolique*, idée du diable. — 2. *Élan*, mouvement prompt en avant. — 3. *Cage de l'escalier*, vide au milieu de l'escalier. — 4. *Sorcier*, celui qui est censé deviner l'avenir. — 5. *Prédire*, annoncer l'avenir.

Questionnaire. — Racontez ce qui s'est passé dans l'escalier. — A quoi est dû ce malheur?

RÉSOLUTION. — J'ÉVITERAI AVEC SOIN TOUS LES AMUSEMENTS QUI OFFRENT DU DANGER.

38. — La Hache du charpentier.

On construisait une maison non loin de la demeure de Maurice ; aussi ce petit garçon restait-il souvent près des ouvriers pour les regarder travailler. Un jour, il examinait [1] attentivement comment un charpentier s'y prenait pour équarrir [2] une poutre à coups de hache [3], et il se dit en lui-même : « Ce n'est pas difficile, j'en ferais bien autant. »

Dès que le charpentier fut parti déjeuner, Maurice regarda autour de lui si personne ne le voyait, preuve qu'il faisait mal, prit la hache, qui était très lourde, monta sur la poutre [4], réunit toutes ses forces pour lever l'outil au-dessus de sa tête, et le laissa retomber pour enlever un copeau.

Vous vous doutez peut-être de ce qui arriva... Ce ne fut pas, hélas ! un copeau que Maurice enleva... mais un morceau de son mollet !

Et plus tard, comment gagnera-t-il son pain si, estropié, il est incapable d'être un habile ouvrier comme son père ?

Mes amis, ne jouez jamais avec des instruments tranchants.

Mots expliqués. — 1. *Examinait,* regardait bien. — 2. *Équarrir,* rendre carré. — 3. *Hache,* instrument de fer tranchant. — 4. *Poutre,* grosse pièce de bois qui soutient les solives d'un plancher.

Idées à développer. — Un enfant doit-il toucher à des outils ? Pourquoi ? — Qu'est-il arrivé au pauvre Maurice ? — Quelle résolution prenez-vous afin qu'il ne vous en arrive pas autant ?

39. — Clic ! clac !

Le grand défaut de tous les petits garçons.

Si vous passez dans une rue de grande ville, vous y voyez des voitures de toutes sortes, à deux roues ou à quatre roues. Ce sont des calèches, des landaus, des cabriolets, des omnibus remplis de voyageurs, des charrettes qui transportent des marchandises ; ou bien ce sont des garçons livreurs ou des garçons laitiers qui vont comme le vent et portent du lait à leurs clients.

Eh bien ! vous n'avez qu'à le remarquer, très souvent vous voyez aussi des garçonnets courant comme des petits fous pour grimper derrière les véhicules [1] : ils s'y accrochent comme ils peuvent. Qu'arrive-t-il alors ? c'est que, quatre-vingt-dix-neuf fois sur cent, les conducteurs, s'apercevant qu'il y a quelqu'un derrière leur voiture, se retournent en colère, lancent des coups de fouet à tort et à travers au risque d'aveugler ou de faire tomber les imprudents. Après plus ou moins de coups de fouet adroitement administrés, les enfants sont obligés de lâcher prise ; alors ils tombent par terre, se cassent bras et jambes, s'il ne leur arrive pas pire.

Tenez, tout dernièrement, le petit garçon d'un épicier qui demeure près de chez moi, et s'appelle Edmond, eut la malencontreuse idée de grimper derrière une voiture de place [2] qui allait dou-

cement. C'était au sortir de l'école. Ah! si son maître l'avait vu! Subitement la voiture se mit au grand trot et à peine avait-elle parcouru une centaine de mètres qu'un obstacle se présenta. C'était un gros pavé resté là par hasard. Un choc violent se produisit et le petit garçon roula à terre. Par malheur, une autre voiture arrivait derrière. Edmond n'eut pas le temps de se relever, le cocher ne put arrêter net son cheval et l'imprudent enfant fut piétiné, à moitié écrasé. On l'emporta mourant, couvert de sang, chez ses parents qui demeuraient non loin de là.

Allons, petits garçons, montez derrière les voitures, vous savez à l'avance ce qui vous arrivera.

Mots expliqués. — 1. *Véhicules*, voitures. — 2. *Voiture de place*, voiture qui stationne sur une place où le public la loue.

Idées à développer. — Vous avez un de vos camarades qui a la détestable habitude de se mettre derrière les voitures quand il peut s'y tenir : donnez lui un bon conseil et racontez-lui l'histoire d'Edmond.

40. — Une triste partie de patinage.

C'était par un froid jeudi du mois de décembre ; il était environ trois heures du soir. Un groupe d'écoliers parlementaient [1] sur la place de l'église. On se disposait à aller patiner [2] sur la rivière, gelée depuis quelques jours. L'un des plus petits hasarda cette réflexion : « Ma mère m'a dit que c'était dangereux d'aller glisser sur une rivière.

— Comment ! comment ! répond un des camarades : tu as toujours peur, toi ; tu es une poule mouillée. Nous, mes amis, n'écoutons pas ce peureux. Marchons... »

À ces mots, tous les enfants se dirigent en courant vers la rivière. Arrivés au bord, les plus hardis s'avancent, mais avec une certaine précaution ; puis ils commettent des imprudences et vont de plus en plus loin, trop loin, sur le blanc miroir...

Se croyant hors de tout danger, on glisse, on se pousse, on se bouscule, on tombe, on se relève, on rit.

Soudain, un craquement sinistre[3] se fait entendre, un trou se fait, et Auguste, celui qui était en tête, disparaît. Plusieurs camarades, saisis de frayeur, jettent des cris perçants, appellent au secours. Mais Joseph, le plus âgé de la bande, a du sang-froid, et, sans perdre une minute, il s'étend à plat ventre sur la glace, recommande à ses amis de maintenir fortement ses jambes à la même place, encourage le noyé qui se débattait encore à la surface de l'eau, allonge ses bras et est assez heureux pour l'attraper par sa blouse. Il l'attire vivement à lui et va, avec l'aide d'un camarade, le déposer sur la berge. Il lui frictionne longuement tout le corps pour le réchauffer, lui insuffle de l'air dans les poumons, et bientôt Auguste, qui était évanoui, revient à lui, ouvre les yeux... Il était sauvé, et sauvé par la présence d'esprit de son camarade.

Mots expliqués. — 1. *Parlementaient*, causaient, discutaient pour convenir de ce qu'on allait faire. — 2. *Patiner*, glisser sur la glace avec des patins. *Patin*, espèce de chaussure garnie de fer par-dessous. (Les écoliers savent glisser sans patins.) — 3. *Sinistre*, effrayant, présageant un malheur.

41. — C'est un secret.

Économie.

Je connais un petit garçon qui a trouvé le moyen de faire plaisir souvent aux autres, et souvent aussi à lui-même. Ce moyen est un petit secret que je vous confierai tout à l'heure.

Léon appartient à une famille non pas riche, mais fort aisée. Vous comprenez alors que Léon n'a pas grand'peine à mettre de côté ce qu'on lui offre pour ses menus plaisirs. C'est le grand-père, la grand'mère, l'oncle, la tante, sans compter le papa et la maman, qui profitent de toutes les occasions pour garnir sa bourse.

Aujourd'hui ce sont les étrennes, demain c'est la récompense d'une bonne place à l'école, plus tard c'est à l'occasion de l'anniversaire de sa naissance ; si bien que Léon a toujours le gousset bien garni. Certes, il n'est pas un millionnaire, mais il trouve le moyen de s'acheter certains objets dont il a besoin : une boîte de couleurs, un album, un livre, que sais-je ? Surtout, et cela prouve la bonté de son cœur, il n'oublie pas d'offrir quelque chose à ses parents le jour de leur fête, par exemple c'est un foulard à sa grand'mère, une pipe à son papa, un dé à sa maman, une poupée à sa petite sœur, un fusil et un tambour à son jeune frère. (Toutes ces choses étaient alors à bon marché.) De plus, Léon ne rencontre pas un pauvre sur son chemin sans lui faire une aumône, suivant les ressources de son porte-monnaie.

Mais, me direz-vous, comment peut-il arriver à suffire à tout? Ah! voilà le secret... Léon a un objet très précieux que tous les enfants devraient posséder : c'est ce petit meuble qui lui procure tant de satisfaction. Vous ne devinez pas... Cherchez. C'est tout simplement... Y êtes-vous? Une tirelire !

Savez-vous bien ce que c'est qu'une tirelire? Ce petit vase, en terre cuite, avec une bouche largement fendue en haut, représente bien des espérances, bien des calculs, bien des émotions. Chaque fois que le sou jeté par l'ouverture tombe au fond du vase, le bruit qu'il fait cause à l'enfant une commotion [1] intime et profonde, car ce bruit, plus clair ou plus sourd, dit le degré de plénitude [2] de la caisse. Ce degré, on ne le connaît jamais tout à fait, car les possesseurs de tirelire ne comptent pas ce qu'ils y jettent, ils tâchent de l'oublier et même de se persuader qu'ils en ont mis moins, pour avoir le plaisir d'en trouver plus... le jour où on la casse. Oh! ce jour-là, on trouve que l'arithmétique est une bien belle chose,

l'addition une bien belle règle et le mot « total » un bien beau mot.

Oui ! ce jour-là, on distribue la joie autour de soi, on donne à ceux qu'on aime ce qui leur est le plus agréable, on se procure ce qu'on désire, et l'on est heureux ! Criez avec moi, mes enfants : « Vive l'économie ! », c'est-à-dire : « Vive la tirelire ! »

Mots expliqués. — 1. *Commotion*, secousse, émotion vive. — 2. Degré de *plénitude* : la tirelire est plus ou moins pleine.

Idées à développer. — Si Léon était un dépensier, s'il gaspillait son argent à mesure, aurait-il besoin d'une tirelire ? — Pourquoi peut-il faire plaisir à tous autour de lui et aussi à lui-même ? — Qu'est-ce que l'économie ? — Quand on voit un enfant économe, que peut-on présager de lui pour plus tard ? — Est-ce une qualité d'être économe jusqu'à l'avarice ?

42. — Drelin ! drelin ! drelin !

L'Enfant à table.

Drelin ! drelin ! drelin ! Entendez-vous ? C'est la cloche qui sonne le déjeuner.

Fernand est à jouer au jardin ; vite il cesse son

jeu. S'il tardait, sa bonne soupe refroidirait, et puis, il sait bien qu'on ne doit pas se faire attendre.

Il va aussitôt se laver les mains, car, nous l'avons déjà dit, on ne va pas manger avec les mains sales.

Il arrive dans la salle à manger, quitte sa casquette, puisque les hommes doivent avoir à table la tête nue. Il se place près de sa petite sœur, prêt à lui rendre service. Il étale sa serviette, la fixe à son col, bon moyen pour ne pas se salir.

Il a grand'faim, petit Fernand, et pourtant il attend avec patience son tour d'être servi.... Les personnes raisonnables d'abord, les enfants ensuite, bien entendu. Il mange proprement. Il ne prend pas de grosses bouchées de pain, ni de viande. Il ne parle pas la bouche pleine, car on ne peut bien faire deux choses à la fois. Rappelez-vous la fable du Corbeau et du Renard.

Fernand se sert adroitement de sa cuillère, de sa fourchette et de son couteau. Avant de boire, il essuie sa bouche afin de ne pas salir son verre, ce qui serait laid. Il ne fait pas le délicat, et mange volontiers de tout ce qu'il y a sur la table. Excepté pourtant l'oignon, qui lui fait mal au cœur; aussi, il le refuse poliment, et sa mère ne le gronde pas, parce que ce n'est pas caprice de sa part.

Quand il a encore faim, il dit gentiment : « Je voudrais bien avoir encore de ce plat, » et on lui en donne avec plaisir. Il ne tache pas la nappe, ce qui serait déplaisant pour la maîtresse de maison. Il n'éclabousse pas de sauce ses voisins ; aussi c'est à qui veut avoir près de soi un enfant qui se tient si bien à table, qui ne parle que lorsqu'on l'interroge, et ne cause pas à tort et à travers comme tant de ses camarades.

Je vous le donne comme modèle.

Idée à développer. — Faites le portrait d'un enfant qui serait tout l'opposé de Fernand, et dites ce que vous penseriez de lui.

43. — **Un Malade pour rire.**

Paresse.

Que je vous raconte une bonne histoire, arrivée à un écolier que j'appellerai X. Je ne veux pas le nommer, dans la crainte que vous ne vous moquiez de lui.

Donc, la mère de X allait souvent le réveiller le matin afin qu'il fût prêt à l'heure pour partir à l'école ; mais il trouvait toujours des prétextes pour ne pas sortir de son lit et ne pas apprendre ses leçons. Un jour il avait la colique, un autre jour le mal de tête ou le mal de cœur. La mère s'aperçut à la fin que la plus grande maladie de son fils était la paresse. Elle raconta la chose à un de ses parents qui était médecin ; celui-ci lui dit : « Soyez tranquille, je vais le guérir. »

Le docteur vint donc voir le malade au lit, l'examina et l'ausculta [1] avec une grande attention ; il lui fit tirer la langue, lui trouva de la fièvre et rédigea [2] une ordonnance où se trouvaient plusieurs remèdes désagréables à avaler, entre autres une médecine amère comme chicotin, et de l'huile de foie de morue ; le malade dut en passer par là. Ce que le docteur recommanda surtout, ce fut une diète [3] très sévère durant trois jours ; il ne permit que du bouillon et du lait. Quand le malade demandait une tartine de confitures ou une tablette de chocolat, on lui répondait : « Le médecin l'a défendu. »

Le soir du troisième jour de diète, ses parents donnèrent un grand dîner de famille ; le faux malade avait été apporté dans la salle à manger, près du feu ; il voyait les plats se succéder sur la table plus appétissants les uns que les autres ; la bonne odeur des ragoûts, du poulet rôti arrivait jusqu'à lui, et c'était du « n'y touche pas ».

Ma foi, X n'y tint plus : « Maman, s'écria-t-il, donnez-moi à manger, j'ai faim, je ne suis plus malade ! » Tous les convives se mirent à sourire, car ils étaient au courant de la maladie. X prit sa place à table, mangea comme quatre ; toutes ses maladies disparurent comme par enchantement. et sa paresse aussi. Tout est bien qui finit bien.

Mots expliqués. — 1. *L'ausculta.* appliqua son oreille sur le dos et la poitrine du malade pour se rendre compte de son mal. — 2. *Rédigea,* écrivit (son ordonnance). — 3. *Diète,* privation de nourriture.

Idées à développer. — Quel défaut excitait X à se faire croire malade ? — Comment a-t-il été attrapé ? — Qu'en concluez-vous ?

44. — L'Ignorant.

Mes enfants, soyons courageux ;
Sur nos bancs jamais de faiblesse !
Celui qui dort dans la paresse
Se réveillera malheureux.

Qu'au travail pendant le jeune âge
Nul ne se montre indifférent ;
Car, sachez-le, pour l'ignorant
La vie est un lourd esclavage.

Aussi, mes amis, du courage !
L'enfance est un temps précieux.
Employons-le de notre mieux :
Jamais de paresse à l'ouvrage.

Durant la classe, avec ardeur
Travaillons tous, tant que nous sommes,
A devenir un jour des hommes
Et surtout des hommes de cœur.

L. BLANCHARD.

45. — Lève-toi, François, lève-toi !

Être matinal.

Quand on a bien dormi toute une nuit, on doit se lever vite le matin et ne pas imiter les marmottes¹, qui passent une partie de leur vie dans le sommeil. C'est pourtant ce que voudrait François, car c'est un lambin comme il n'en existe guère.

Quand on le réveille, au lieu de sauter de sa couchette il bâille et rebâille, ferme un œil, ouvre l'autre, s'étire avec mollesse, et finalement remet sa tête sur l'oreiller. Croiriez-vous que sa mère chaque matin est obligée d'aller le secouer dans son lit au moins quatre ou cinq fois de suite ! « Mon enfant, lui dit-elle, il est l'heure, lève-toi ; tu vas encore être en retard pour partir à l'école. — Oui, maman, je me lève. » Il le dit, mais il ne le fait pas.

Hier matin son frère et l'un de ses camarades, connaissant son défaut et sachant qu'il n'était pas encore levé quoiqu'il fût tard, résolurent de lui faire une farce. Ils entrèrent dans sa chambre en chantant ce couplet d'une vieille chanson auvergnate :

> Lève-toi, François, lève-toi !
> Eh ! pour quoi faire, notre maître ?
> Mon bon François, pour *travailla !*
> Oh ! la la ! j'ai mal à la tête.

Malgré ce chant, le dormeur reste coi[2] ; alors l'un lui tire les bras, l'autre les jambes ; on le secoue ; celui-ci enlève l'oreiller, celui-là la couverture ; c'est un vrai combat qui se livre. François se défend comme il peut, mais il n'est pas le plus fort. En fin de compte[3], on le dépose... sur le parquet. Cela fait, les deux combattants se retirent en riant et en chantant :

> Lève-toi, François, lève-toi !
> Eh ! pour quoi faire, notre maître ?
> Mon bon François, c'est pour *mangia.*
> Tra la la, je vais me *leva...*

Vous pouvez rire aussi, mes amis ; mais quelqu'un qui ne rit pas, c'est François. S'il pouvait donc profiter de la leçon !

Mots expliqués. — 1. *Marmotte,* quadrupède rongeur qui reste endormi pendant l'hiver. — 2. *Reste coi,* reste tranquille ; ne bouge pas. — 3. *En fin de compte,* pour finir.

Pour vous apprendre à rendre compte de ce que vous lisez, amusez-vous, ce soir, à raconter cette plaisante histoire à votre sœur. Puis, donnez-lui le conseil de se lever aussitôt réveillée, et, vous-même, prenez la résolution d'être matinal.

46. — **Le Bol cassé.**

Franchise et sincérité.

Albert est tout petit, et malgré cela il se rend utile dans la maison. Ainsi, quand sa mère est pressée, il met le couvert, pas mal du tout, et dessert[1] la table très adroitement, quoiqu'il ne soit guère plus haut que cette table.

Ce matin, pendant une absence de sa maman,

Albert monte sur une chaise et atteint un bol devant servir à contenir son chocolat. Le bol lui glisse de la main — cet accident peut arriver à tout le monde — et crac! le voilà par terre, brisé en cent morceaux...

A ce moment, Albert crut entendre une voix qui lui disait tout bas : « Ramasse les morceaux, cache-les, maman n'en saura rien. » Mais bientôt une autre voix, celle de sa conscience[2], se fit entendre à son tour et lui dit : « Il faut toujours être franc, dire la vérité. » Albert écouta cette dernière voix et, quand sa mère revint, il lui dit les larmes aux yeux : « Maman ! j'ai cassé un bol, le beau bol à fleurs que vous aimiez tant... »

Sa mère lui répondit avec douceur : « Je suis contrariée, mon enfant, que mon bol soit cassé, mais j'aime ta franchise[3] et je ne te gronderai pas. »

Mots expliqués. — 1. *Desservir*, enlever les plats de dessus la table. — 2. *Conscience*, voix intérieure qui nous fait distinguer le bien du mal. — 3. La *franchise* ou la *sincérité* peut être comparée à un verre bien clair à travers lequel on voit le cœur d'un enfant, en sorte qu'on peut dès lors le guider et le bien élever.

Questions. — Qu'est-il arrivé à Albert? — Que s'est-il passé en lui après le bol cassé? — A-t-il bien fait d'être franc?

RÉSOLUTION. — JE DIRAI FRANCHE-
MENT ET SINCÈREMENT LA VÉRITÉ EN
TOUTE CIRCONSTANCE.

---

47. — Au loup! Au loup!

Mensonge.

La maman de Max lui dit un jour : « Est-ce toi qui as laissé la porte de la cuisine ouverte? Le chat a bu le lait que je te destinais. — Non, maman, ce n'est pas moi. — C'est singulier! j'avais fermé la porte et personne que toi n'y est allé. »

Un autre jour la maman dit : « Max, j'avais mis dix croquettes de chocolat sur la table de ma chambre, il n'y en a plus que six : qui est-ce qui a mangé les quatre autres? — Maman, ce n'est pas moi. — C'est sans doute le chat », répond la mère en haussant les épaules. »

Or, vous savez que les chats ne mangent pas de bonbons, ni de confitures. Elle dit alors à Max : « Je suis bien triste, mon petit garçon, que tu sois

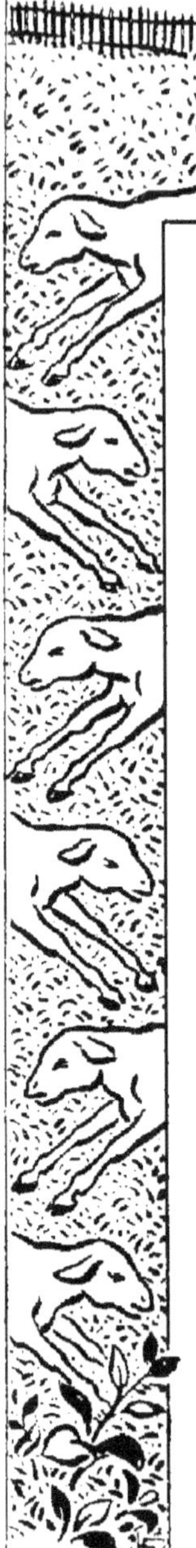

un menteur, et désormais je n'aurai plus confiance en toi, et lors même que tu me diras la vérité, je ne te croirai pas, ce sera ta punition. Écoute cette histoire :

Il y avait une fois un petit berger qui gardait ses moutons. Il lui vint l'idée, je ne saurais dire pourquoi, de crier très fort : « Au loup ! au loup ! » A ce cri, les hommes qui travaillaient aux alentours s'empressèrent d'accourir afin de chasser le loup, car on sait que cet animal fait ses délices des moutons. Quand ils arrivèrent près du berger et de son troupeau, ils ne virent rien et s'en retournèrent mécontents d'avoir été dérangés inutilement, cela se conçoit.

Quelque temps après, le berger se mit à crier de nouveau : « Au loup ! au loup ! » Les hommes, se rappelant le mensonge du berger, se dirent en eux-mêmes : « C'est encore une farce, » et ils ne vinrent pas.

Qu'arriva-t-il? Cette fois, c'était vraiment un loup. Il dévora un jeune agneau et tua plusieurs moutons.

A apprendre par cœur.

Il ne faut, mes enfants, ni tromper, ni mentir;
L'honnête homme toujours dit la vérité pure.
Soit pour vous excuser, soit pour vous divertir,
Ne vous permettez pas la plus faible imposture.

48. — Ernest est un lâche.

Ah! comme on s'amuse là-bas! Entendez-vous ces rires, ces cris de joie? Ernest s'approche, le silence se fait parmi les écoliers, tous s'éloignent du nouveau venu.

« Vous ne voulez donc pas jouer avec moi? dit Ernest mortifié. — Non, jamais.

— Au moins, donnez-moi la raison.

— La raison! c'est que nous ne voulons pas de lâche avec nous. Va-t'en... »

Écoutez l'explication. Un jour, le maître donnait une leçon au tableau noir et avait le dos tourné. Une boulette de pain, mal dirigée, vint le frapper à la tête. (Elle était destinée à un élève.) Justement irrité de ce manque de respect, le maître se retourne vivement et demande le nom du coupable. Personne ne répond. La classe entière est punie et les pensums succèdent aux pensums. Le coupable était Ernest ; il eut le tort de ne pas se faire connaître.

Ses camarades furent généreux et gardèrent le secret ; mais ils se vengèrent à leur manière et, durant six mois au moins, nul ne voulut avoir aucun rapport avec lui. C'était la punition de son manque de droiture, de franchise.

N'est-ce pas honteux de laisser punir des innocents par sa propre faute ?

Questionnaire. — De quoi le maître eut-il à se plaindre ? — Comment les élèves ont-ils fait sentir à leur camarade son action indélicate ? — Que pensez-vous de cette action ?

49. — Vive le vainqueur !

Tromperie.

Vive le vainqueur ! C'est ainsi que les écoliers saluaient, un matin, l'arrivée d'un de leurs camarades qui avait été nommé le premier de tous dans un concours important de fin d'année.

Chose étonnante ! Robert, au lieu d'être joyeux de son succès, avait un air triste, et les félicitations qu'il recevait le mettaient mal à l'aise. Quand son père lui dit : « Mon fils, je suis fier de toi, continue à me donner toujours de la satisfaction, » il fut obligé de retenir ses larmes. Était-ce de la modestie de sa part ? Non ; c'était le remords qui l'étouffait...

Ayant eu un problème difficile à résoudre et se trouvant embarrassé, Robert avait regardé adroitement la solution [1] sur le cahier de son voisin et l'avait copiée; elle était juste. Et, comme tous ses autres devoirs ne laissaient rien à désirer, il fut proclamé le Premier du concours.

Personne n'avait vu la supercherie [2] de Robert, mais il n'avait pu la cacher à sa conscience; aussi était-il bien malheureux!

Nulle joie, nul bonheur pour celui qui se rend coupable d'une mauvaise action et n'a pas la paix avec lui-même.

Mots expliqués. — 1. *Solution,* réponse à un problème. — 2. *Supercherie,* tromperie adroite.

Idées à développer. — Copier sur un camarade, c'est tromper le maitre; or, toute tromperie est coupable. — Nul n'avait surpris Robert, pourtant il était malheureux; pourquoi? — Quelle conclusion tirez-vous de là?

50. — Coucou! Coucou!

Ne pas toujours parler de soi.

Henri est loin d'être modeste; il est même très vantard, et ne trouve de bien que ce qu'il fait, de joli que ce qu'il possède. Il répète sans cesse : « C'est moi qui ai fait telle chose, moi qui ai fait telle autre. Hier j'ai étrenné des souliers neufs; aujourd'hui j'ai eu dix bons points; demain j'irai me promener avec mon grand-père. » Tant mieux pour lui, n'est-ce pas? s'il se trouve heureux.

Mais vous comprenez bien que tous ces détails n'ont aucun intérêt pour les autres. Les autres ! Henri n'en a cure [1], il ne s'occupe que de lui, ne s'intéresse qu'à ses propres affaires; il parle sans cesse de lui-même et n'emploie que la première personne des verbes : *J'ai fait... je ferai... je* suis... *moi... moi...* Henri ignore que le *moi* est haïssable ; aussi quand ses camarades le voient s'approcher, ils font un geste d'ennui, l'envie de bâiller leur prend, et ils se disent entre eux : « Nous allons entendre le chant de l'oiseau toujours content de lui : Coucou ! [2] »

A apprendre par cœur.

Qu'est-ce donc qui déplaît dans le chant des
[coucous?
Pour moi, je le trouve assez doux ;
Je ne sais ce qu'on peut y trouver à redire.
— Mon enfant, je vais te le dire :
Dans la voix du coucou, ce qui cause l'ennui,
C'est qu'il parle toujours de lui.

L. Ratisbonne.

Mots expliqués. — 1. *N'en a cure*, n'en a soin, souci. — 2. *Coucou*, chant monotone et répété d'un oiseau grimpeur, qui a reçu ce nom.

Idées à développer. — Quel effet la vanité et les vantardises de Henri produisent-elles sur ceux qui l'écoutent? — Quelle conclusion faut-il en tirer?

51. — Gustave est très poli.

Quand on voit Gustave, on dit de lui : « Vous savez, c'est cet enfant qui est si poli que tout le monde l'aime. »

En effet, lorsqu'on lui adresse une question, il répond toujours : « Oui, Monsieur; oui, Madame; oui, Mademoiselle »; ou bien, suivant les circonstances : « Non, Papa; non, Maman »; il ne dit jamais *oui* et *non* tout court.

Si dans la rue il rencontre quelqu'un qu'il connaît, il se découvre la tête, enlève sa casquette. Si c'est un vieillard, il le salue même sans le connaître.

Si Gustave est obligé de passer devant une personne, il s'incline en disant : « Pardon, Monsieur, ou Madame »; si ce sont ses parents, il agit de même.

Quand on lui donne quelque chose, il dit : « Merci. » S'il est à table, et qu'il désire avoir soit du pain, soit du vin ou de la viande, ou encore du dessert, il ne dit pas, comme les enfants malhonnêtes : « Donnez-moi à boire, je veux du pain, de la viande », mais bien : « Papa, voulez-vous bien, s'il vous plaît, me donner du vin? Maman, je désirerais avoir un morceau de pain, un petit gâteau, etc. » Et savez-vous ce qui arrive? On lui donne plutôt deux gâteaux qu'un seul, car on ne refuse rien à un enfant qui s'exprime poliment.

Idée à développer. — Énumérez comment, dans le cours d'une journée, un enfant peut se montrer poli.

52. — Monsieur Toto.

Mauvais caractère.

Il était une fois un petit garçon qu'on appelait Toto. Je ne saurais trop vous dire pourquoi on lui avait donné ce nom. Ce que je sais, c'est qu'il avait un très mauvais caractère. Il se plaignait de tout et ne trouvait rien de bien. Voulez-vous que je vous le dise? Eh bien, il ressemblait à un fagot d'épines : on ne savait par quel bout le prendre. C'est pour faire son portrait et en rire qu'un de ses cousins, un grand collégien, a composé ces trois couplets divertissants :

Toto n'est pas gentil du tout,
Il ne trouve rien à son goût.
Déjeune-t-il d'un pain au beurre.
   S'il est chaud, il pleure
   Durant un quart d'heure.
S'il est froid, il en fait autant.
   Toto n'est jamais content.

Pour Monsieur Toto les bonbons
Ne sont jamais ni frais, ni bons;
Il a des jouets par douzaine,

Il les regarde à peine
Un jour par semaine ;
L'un est trop gros, l'autre trop grand.
Toto n'est jamais content.

Quand Toto reste à la maison,
Il dit qu'on le tient en prison.
Lorsqu'il est en promenade,
Il est si maussade
Qu'on le croit malade.
Il voudrait rentrer à l'instant.
Toto n'est jamais content.

Ah ! quel vilain Toto ! Est-il assez déplaisant !

Idées à développer. — Si vous aviez un camarade aussi désagréable, rechercheriez-vous sa société ? Pourquoi ? — Faites-nous le portrait d'un enfant au caractère facile.

53. — Gai comme pinson.

S'il est un enfant d'un caractère agréable, c'est René. Il s'éveille tout souriant, et, leste, saute à bas du lit. En un tour de main il est habillé, lavé, peigné. L'œil vif et la mine rose, il vient vers ses parents et leur donne un baiser.

« — Te voilà bien joyeux, mon René, » dit le père, qui le caresse. Et René, léger comme un papillon, fait les petites commissions du matin, repasse sa leçon, déjeune et court à l'école.

« — Ah ! voilà mon gai pinson, dit le maître. Toujours exact, toujours en train de travailler. Quel bon élève j'ai là. »

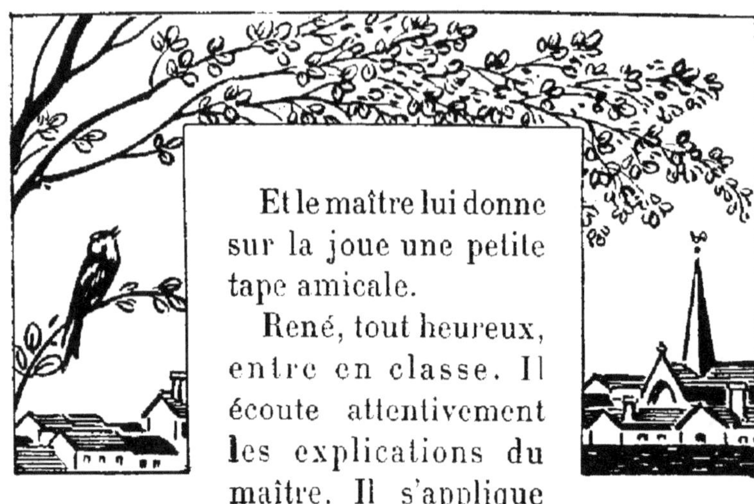

tant qu'il peut à ses devoirs. Jamais puni, jamais grondé; quelle chance a ce petit homme!

Ding! ding! ding! La récréation sonne. René, qui a le cœur content, joue avec entrain. Sa bonne humeur le fait chérir de tous.

Soyez, mes chers enfants, toujours de bonne humeur,
La gaieté fait du bien et donne du courage.
L'enfant toujours joyeux fait aisément l'ouvrage;
Il a bien plus de mal s'il est triste et boudeur.

Idées à développer. — Faites le portrait de René. — Tout le monde l'aime; pourquoi? — Il est toujours content; pourquoi? — Voudriez-vous lui ressembler? — Que faut-il faire pour cela?

54. — Faisons connaissance avec le jeune Boudillon.

C'est un grand défaut d'être boudeur. Un boudeur se rend malheureux lui-même et se rend insupportable aux autres.

Tenez, la semaine dernière, Philippe a été méchant et brutal envers sa petite sœur Élisa. En passant, elle avait fait tomber le polichinelle qu'il avait posé sur la table ; ce n'était pas bien grave, bien que Polichinelle fût tombé sur sa bosse. Philippe entre en fureur, il frappe durement la fillette.

Celle-ci, tout naturellement, pleure très fort. Sa maman arrive et gronde le méchant. Il l'avait bien mérité, car c'est honteux de la part d'un frère de maltraiter sa sœur, surtout quand elle est plus jeune et plus faible que lui. Philippe, au lieu de reconnaître simplement son tort, se met à bouder ; il reste jusqu'au soir sans dire un mot.

Hier, à la récréation, il jouait au cheval avec ses camarades et il voulait être le cocher. Les autres ne veulent pas ; alors il quitte le jeu et se retire dans un coin, comme un hibou [1] ; il y reste jusqu'à la cloche.

Quelquefois Philippe boude contre son ventre ; c'est fort, cela ! Vous allez voir comment.

C'est un dimanche ; le dîner est prêt et il est plus copieux [2] que les autres jours. Tous les convives se mettent joyeusement à table ; monsieur *Boudillon*, lui, ne vient pas ; je ne sais quelle mouche l'a piqué : il reste près de la porte, la tête appuyée sur son bras droit ; il ne bouge pas, malgré les appels de sa mère.

Il sent la bonne odeur des mets, il enrage de ne pas en manger comme tout le monde ; mais la bouderie l'emporte sur la faim et le bon fricot lui passe sous le nez, et non par la bouche.

Est-il assez sot, ce Philippe ?

Mots expliqués. — 1. *Hibou*, oiseau de nuit qui fuit la lumière et dans le jour se tient dans l'ombre. — 2. *Copieux*, très abondant.

Idées à développer. — Nommez les trois circonstances où Philippe s'est montré boudeur. — Est-il à imiter ? — Quelle résolution prenez-vous à ce sujet ?

55. — **Surnommé « Tâte-au-pot ».**

Curiosité.

On prétend que les petites filles sont curieuses ; je veux bien le croire, mais je sais que certains petits garçons ont aussi ce défaut... En voici la preuve.

Une maman me disait hier de son enfant : « Constant veut tout voir, tout savoir. Si on sonne quand il est encore au lit, vite il me demande : « Qui donc est là ? » Et quand le facteur me remet une lettre : « Qui vous a écrit, maman ? » Bien entendu, je lui réponds : « Mon enfant, cela ne te regarde pas ; occupe-toi de tes affaires. »

« Rien ne le corrige, et il est toujours aux aguets. Croiriez-vous qu'il ouvre les placards pour voir ce qu'ils renferment ? Aussi la cuisinière l'a-t-elle surnommé *Tâte-au-pot* [1]. Je l'ai vu plusieurs fois regarder par le trou des serrures, et même il a osé couper les ficelles de paquets qui nous étaient adressés, pour voir ce qu'il y avait dedans. Vous pensez s'il a été puni! S'il nous vient des visites, il veut savoir le nom des personnes, et un peu plus il leur demanderait ce qu'elles viennent faire... A l'école, il questionne ses camarades sur tout ce qui se passe chez eux, et beaucoup commencent à lui tourner le dos.

— C'est bien fait pour cet indiscret. Votre petit curieux aura bien des désagréments, » dis-je à la mère, et d'un geste prompt je fermai la porte entr'ouverte, car je venais d'apercevoir notre curieux qui écoutait derrière. Il en avait entendu de belles sur son compte !

Mais ce n'est pas tout. La blouse de Constant s'était trouvée prise dans la porte... Il tire, la blouse résiste. Il n'ose pas ouvrir, pour ne pas montrer qu'il était là, écoutant aux portes, le vilain ! Que faire ? Il reste sans bouger, sans faire de bruit, pendant une heure; il s'ennuie, le temps lui semble bien long... N'y tenant plus, il tire de toutes ses forces pour partir, la blouse se déchire en deux..... La maman survient et, en voyant la blouse en cet état, elle se fâche, cela se comprend, et elle punit. Constant sera privé de dessert toute la semaine, et jeudi il n'ira pas avec son frère et sa sœur voir jouer Guignol. — Tant pis pour lui. C'est sa faute.

Mot expliqué. — 1. *Tâte-au-pot*, celui qui, par curiosité, découvre le pot, la marmite.

Questionnaire. — Quand dit-on qu'un enfant est curieux ? — Citez divers faits qui prouvent la curiosité de Constant. — Pourquoi l'at-on surnommé « Tâte-au-pot » ? — Que lui est-il arrivé dernièrement ? — Constant est bien ridicule avec sa curiosité. Ne faites pas comme lui.

56. — Plaignons Félix : il est jaloux !

Félix a un peu plus de neuf ans; il est grand pour son âge, agréable de figure, mais il a presque toujours l'air maussade et préoccupé [1]; je vais vous dire pourquoi : il a un très grand défaut, il est jaloux !...

Félix a une petite sœur qui n'a pas trois ans; tout le monde la choye [2], la caresse; c'est le bébé le plus charmant qu'on puisse voir. Eh bien, le croiriez-vous? Félix, au lieu d'être content, fait la moue, et au lieu de répondre aux avances de sa petite sœur, il la regarde avec des yeux méchants.

Quand il est à table, il regarde vite si le raisin qu'on lui donne pour dessert est aussi gros que celui de son voisin; si on lui achète une casquette, la première chose qu'il fait est de s'assurer que celle de son grand frère n'est pas plus jolie que la sienne.

En classe, il se figure que le maître l'aime moins que les autres, qu'on est partial [3] envers lui, qu'il est puni injustement, qu'il aurait dû avoir de meilleures places et plus de récompenses. Que vous dirai-je enfin? Si en grandissant Félix ne se corrige pas de son vilain défaut, il n'aura aucun bonheur sur la terre, il se rendra malheureux et rendra malheureux aussi ceux qui vivront avec lui.

Mots expliqués. — 1. L'air *préoccupé*, occupé d'une chose avant toute autre. — 2. *Choyer*, soigner avec tendresse. — 3. *Partial*, qui est pour une personne au préjudice d'une autre.

Idée à développer. — Citez la jalousie de Félix envers sa petite sœur, et lorsqu'il est à table ou en classe.

RÉSOLUTION. — PUISQUE LA JALOUSIE REND MALHEUREUX, JE NE SERAI JALOUX NI DE MES FRÈRES ET SŒURS, NI DE MES CAMARADES.

57. — Une chanson très amusante.

A tous les enfants poltrons, à tous les peureux, je conseille de chanter la chanson suivante, sur l'air si connu du « Roi d'Yvetot »; il est bien probable que cela les corrigera de leur poltronnerie :

Il était un petit garçon
   Connu dans la Hollande,
Qui n'osait quitter la maison
   Tant sa peur était grande.
Il frissonnait dans son réduit

Sitôt qu'il entendait du bruit
La nuit.
Oh oh oh oh! Ah ah ah ah!
Quel petit poltron c'était là,
La la!

Si, par hasard, dans son jardin
Il rencontrait un lièvre
Broutant des radis ou du thym,
Il en avait la fièvre.
Dès qu'il voyait une souris,
On entendait jusqu'à Paris
Ses cris.
Oh oh oh oh! Ah ah ah ah!
Quel petit poltron c'était là,
La la!

Lorsqu'il voyait briller l'éclair
Pendant les jours d'orage;
Quand la foudre tonnait dans l'air,
Que le vent faisait rage,
Il s'enfermait dans le caveau
Et se cachait dans un tonneau
Sans eau.
Oh oh oh oh! Ah ah ah ah!
Quel petit poltron c'était là,
La la!

Nous lirons demain encore une histoire sur la poltronnerie.

58. — Au secours! Au voleur!

La Poltronnerie.

Qu'une petite fille ait peur de tout, cela se comprend ; mais qu'un petit garçon soit peureux, c'est autre chose, et l'on a le droit de se moquer de lui. En effet, comment voulez-vous plus tard faire un défenseur de la patrie d'un grand garçon de huit ans qui tremble quand il entend un chien aboyer, ou un chat miauler, ou encore une porte se fermer avec fracas; d'un garçon qui n'ose, le soir, aller seul dans une chambre sans lumière, qui claque des dents quand il voit une souris courir ou qu'il entend des rats galoper dans le grenier au-dessus de sa tête? Camille, puisqu'il faut le nommer, est de ce calibre-là [1]. Écoutez ce qui lui est arrivé aux vacances dernières.

Un jour, son grand frère Henri, qui se prépare pour entrer à Saint-Cyr, connaissant son point faible, confectionna [2] avec du foin et de la paille un grand bonhomme semblable à ceux qu'on met dans les jardins pour empêcher les oiseaux de dévorer les fruits. Ce bonhomme avait un masque pour figure, un vieux chapeau haute forme sur la tête, un paletot tout déchiré sur le dos. Deux grands bâtons recouverts de loques [3] figuraient les bras, deux autres les jambes. Entre les bras se trouvait un antique [4] fusil dont on n'avait rien à craindre, bien entendu.

Ce mannequin [5], il faut l'avouer, était horrible. Henri le plaça dans un coin assez retiré du jardin, à l'heure du crépuscule [6] qu'on appelle « entre chien et loup », et quand Camille, que son frère avait attiré dans ces parages [7], l'aperçut, il devint pâle comme un linge, jeta des cris perçants : « Papa,

Henri, venez vite ; c'est un voleur qui est là ; Au voleur ! au secours ! »

Henri, qui s'était caché et guettait ce moment, se montra au peureux en pouffant de rire et, le prenant par la main, le mena près du prétendu voleur et lui dit : « Regarde ce qui t'a tant effrayé. » Camille, honteux comme un renard qu'une poule aurait pris, s'en alla baissant l'oreille. Espérons qu'il se corrigera de sa poltronnerie.

<hr>

Mots expliqués — 1. De ce *calibre*, de cette espèce. — 2. *Confectionna*, fit. — 3. *Loques*, chiffons. — 4. *Antique*, vieux. — 5. *Mannequin*, dans ce cas, épouvantail à forme humaine. — 6. *Crépuscule*, lumière qui suit le soleil couchant jusqu'à la nuit. — 7. *Parages*, alentours.

Idées à développer. — Si vous avez un petit frère ou une petite sœur qui soient peureux, racontez-leur l'histoire de Camille. — Montrez-leur combien l'on est ridicule de s'effrayer pour des riens, par exemple quand il fait noir ou qu'on est seul dans une chambre la nuit ; alors on s'expose aux moqueries de tout le monde.

59. — **Un brave de douze ans.**

Courage dans le péril.

Hector n'est pas une femmelette ', un garçon comme il y en a quelquefois, qui tremblent à tout propos. A douze ans il est brave et courageux ; que sera-ce quand il sera soldat, à vingt et un ans !

Un matin, il conduisait son petit frère à l'école, le tenant par la main ; mais voilà que celui-ci, pendant qu'Hector causait à un ami qu'il venait de rencontrer, lâche la main de son conducteur, quitte le trottoir et va au milieu de la rue. A ce moment, une voiture arrive au grand galop. Hector jette un cri, se précipite au secours de son petit frère au risque d'être écrasé, et est assez heureux pour l'enlever de dessous une des roues de la voiture. Il était temps, car la roue n'était qu'à quelques centimètres du bambin. L'enfant n'avait aucun mal, mais il n'en était pas de même du sauveteur. Hector eut son pied droit à moitié écrasé et il fut au moins trois mois à se guérir. Malgré cela, il ne regretta pas d'avoir agi comme il l'avait fait.

Une autre année, sa sœur Clémentine, qui l'accompagnait à la pêche sur le bord d'une rivière, s'approcha trop près du bord et glissa dans l'eau, très profonde à cet endroit. Hector ne fait ni une ni deux : il se jette tout habillé dans la rivière, et au bout de dix minutes d'efforts parvient à rattraper l'imprudente qui s'en allait à la dérive. La pauvrette était sans connaissance et ce ne fut qu'au bout d'une demi-heure de frictions [2] et de tractions [3] de la langue qu'elle rouvrit les yeux ; elle était sauvée !

Vivent les jeunes garçons dévoués et courageux !

Mots expliqués. — 1. *Femmelette*, diminutif de *femme* : homme faible, sans énergie. — 2. *Frictions*, frottements que l'on fait sur quelque partie du corps. — 3. *Tractions* de la langue, manœuvres pour rétablir la respiration chez un noyé ou un asphyxié ; elles consistent à tirer la langue puis la remettre à sa place, alternativement.

Idées à développer. — Quelles belles qualités remarque-t-on chez Hector ? — Y a-t-il beaucoup d'hommes qui exposent leur vie pour sauver celle d'un autre ?

60. — Oscar, surnommé « la Tempête ».

La Colère.

Savez-vous pourquoi Oscar a été surnommé « la Tempête » ? Tout simplement parce qu'il est vif comme la poudre, colère comme un dindon et qu'alors, semblable à une tempête, il bouscule tout sur son passage.

En effet, à la moindre contrariété, monsieur renverse les chaises qui se trouvent près de lui et ferme les portes avec violence.

Si un camarade le pousse un peu, lui marche sur le pied sans le vouloir, on entend aussitôt « pif ! paf ! » et le maladroit a déjà reçu sa punition.

Si son frère le contrarie, s'il n'est pas de son avis et lui tient tête, « clic ! clac ! » et le contradicteur [1] n'a plus qu'à tâter ses joues.

Si, enfin, son maître lui fait une réprimande [2], il n'ose rien dire, mais il pâlit, serre les dents, ses yeux deviennent mauvais. Quel dommage qu'Oscar soit si peu maître de lui ! Sans cela, il serait assez gentil, il a certaines qualités qui le feraient aimer ; mais comment voulez-vous qu'on aime un enfant qui est toujours nerveux, agité, en ébullition [3], et qui s'emporte à tout propos ? C'est impossible ! S'il pouvait donc se corriger ! — Espérons-le.

A apprendre par cœur.

Toujours le repentir suit de près la colère ;
Ne vous livrez jamais à sa bouillante ardeur.
Le mal que dans l'accès vous aurez osé faire
Viendra, l'instant d'après, déchirer votre cœur.

* * *

Entre votre colère et l'effet qui la suit
Laissez toujours au moins l'espace d'une nuit.

Mots expliqués. — 1. *Contradicteur*, qui contredit. — 2. *Réprimande*, gronderie. — 3. *Ébullition*, qui semble *bouillir* d'impatience.

RÉSOLUTION. — JE VOIS QUE LA COLÈRE EST UN TRÈS VILAIN DÉFAUT ; JE FERAI EN SORTE DE L'ÉVITER ET DE RESTER CALME DANS LES CONTRARIÉTÉS.

61. — C'est un farceur !

Quand on me dit d'un enfant : « C'est un farceur ! »
je pense en moi-même que c'est un enfant très désagréable et qui a un bien vilain défaut. Les farces [1],
en effet, constituent l'esprit de ceux qui n'en ont
pas d'autre.

Il y a certaines farces inoffensives, gaies et drôles ;
mais il y en a beaucoup qui sont sottes ou dangereuses, et c'est pourquoi il est mieux de n'en pas
faire. Écoutez ce qui est arrivé dernièrement à Victor, surnommé le « Grand farceur » de son école.

C'était un jeudi. Victor était dans la cour de ses
parents avec trois de ses camarades. La porte étant
ouverte, ils virent passer un vieux chien dans la rue.
Les petits garçons l'appellent, courent après lui et
l'amènent dans la cour. Il vint alors à la pensée de
Victor d'attacher à la queue du caniche une vieille
casserole qui se trouvait là par hasard. La chose faite,
non sans peine, nos quatre gamins crient, frappent
dans leurs mains et chassent à coups de pied le
pauvre caniche ahuri, qu'ils suivent de loin en riant.

A mesure que le chien courait, la casserole battait
ses pattes et, ballottée sur le chemin et sur les

pierres, elle faisait du bruit; si bien que le caniche affolé, allant de droite et de gauche, se jeta entre les jambes d'un âne attelé à une charrette chargée de légumes et de fruits. Un des paniers tomba par terre avec tout ce qu'il contenait. Le conducteur, fort en colère, fouailla[2] d'importance les espiègles, dont les mollets portèrent les traces rouges du fouet. Un peu plus loin, le chien rencontra un vieillard marchant avec un bâton, et le fit tomber. Puis, ce fut une toute petite fille nommée Rose, qu'il renversa dans un ruisseau. La pauvre Rose, quand un passant la releva, avait la figure en sang. Le frère aîné de la fillette, furieux de l'accident arrivé à sa sœur, administra une bonne correction[3] aux auteurs du méfait[4]. Ils s'en souviendront longtemps, je vous l'assure, et n'auront plus envie de faire de mauvaises farces.

Mots expliqués. — 1. *Farce*, plaisanterie grossière. — 2. *Fouailler*, donner de nombreux coups de fouet. — 3. *Correction*, action de corriger. — 4. *Méfait*, mauvaise action.

Idées à développer. — Y a-t-il plusieurs sortes de farces ? — Quelles sont les farces qu'on peut tolérer ? — Que pensez-vous de la farce de Victor ?

RÉSOLUTION. — J'ÉVITERAI TOUTE AC-TION QUI PEUT CAUSER DES DÉSAGRÉ-MENTS AUX AUTRES.

62. — Un ami des bêtes.

La cloche de l'école vient de sonner la sortie. Armand, sa gibecière sur le dos, rentre chez lui sans perdre une minute. Suivons-le et voyons ce qui va arriver.

Près de sa maison, Azor, qui a senti son petit maître — car les chiens ont l'odorat très fin — accourt à sa rencontre; il aboie et remue la queue en signe de joie, il lui lèche les mains et voudrait même lui lécher la figure, ce qui n'est pas bien agréable, ni sain. Armand caresse son toutou comme pour le remercier de sa gentillesse, et tous deux arrivent à la maison. Aussitôt la grosse chatte angora qui ronronne et se repose près du feu, sur un tapis, s'approche d'Armand, fait « miaou! miaou! » ce qui signifie qu'elle est contente de le voir.

Il n'est pas jusqu'à maître Jacquot, le perroquet, qui de son perchoir ne crie à tue-tête : « Bonjour, Armand! Jacquot veut déjeuner! » et l'oiseau bavard se trémousse [1], se dandine [2] et agite ses ailes comme s'il voulait s'envoler. Heureusement qu'il est attaché par la patte !

Vous le voyez, Armand aime les bêtes, et les bêtes l'aiment aussi et lui montrent leur amitié à leur façon. Ce n'est pas lui qui arracherait les ailes aux mouches et aux papillons, qui effaroucherait[3] les poules en leur jetant des pierres, et qui détruirait les nids des petits oiseaux ! Quand il voit un cocher fouetter brutalement son cheval, il a sa bonne figure toute triste. Beaucoup d'animaux nous sont utiles et nous rendent des services, il n'y a que les enfants méchants qui leur font du mal.

A apprendre par cœur.

Dans vos jeux, mes enfants, que votre cœur sensible
Ne fasse point souffrir d'innocents animaux.
Ils sentent comme vous ; pourquoi causer leurs maux ?
La moindre cruauté doit vous être impossible.

Mots expliqués. — 1. Se *trémousse*, se remue vivement. — 2. Se *dandine*, se penche de côté et d'autre. — 3. *Effaroucher*, effrayer.

Idées à développer. — Que pense-t-on d'un enfant qui se montre cruel envers les animaux ? — Pourquoi devons-nous traiter les animaux avec douceur, surtout nos animaux domestiques ? — Pourquoi ne doit-on pas détruire les nids des oiseaux ? — Quels services les oiseaux rendent-ils à l'agriculture ?

63. — **Le Nid de fauvette.**

Je le tiens, ce nid de fauvette !
Ils sont deux, trois, quatre petits !
Depuis si longtemps je vous guette,
Pauvres oiseaux, vous voilà pris !

Criez, sifflez, petits rebelles,
Débattez-vous ; oh ! c'est en vain :
Vous n'avez pas encore d'ailes,
Comment vous sauver de ma main ?

Mais quoi ! n'entends-je point leur mère
Qui pousse des cris douloureux ?
Oui, je le vois ; oui, c'est leur père
Qui vient voltiger auprès d'eux.

Ah ! pourrais-je causer leur peine,
Moi qui, l'été, dans ces vallons,
Venais m'endormir sous un chêne,
Au bruit de leurs douces chansons ?

Hélas ! si du sein de ma mère
Un méchant venait me ravir,
Je le sens bien, dans sa misère
Elle n'aurait plus qu'à mourir.

Et je serais assez barbare
Pour vous arracher vos enfants !
Non, non, que rien ne vous sépare !
Non, les voici, je vous les rends.

BERQUIN

64. — **La Montre d'argent.**

Probité.

Marianne était connue dans son quartier pour être une travailleuse, la meilleure des femmes et des mères ; tout le monde l'estimait. Elle avait cinq enfants, cinq garçons, tous jeunes alors et incapables de l'aider. Son mari, un brave et honnête ouvrier, était malade depuis trois mois, et la gêne était si grande dans le ménage, qu'un matin la huche [1] manquait de pain. La pauvre mère n'avait pas de quoi donner à manger à ses enfants, elle était au désespoir. Tout à coup elle se rappelle qu'une de ses clientes — car elle était blanchisseuse — lui devait deux francs depuis longtemps, et elle se met en route bien tristement pour aller lui réclamer cette minime [2] somme. Elle emmène avec elle l'aîné de ses enfants, Alexis, auquel elle raconte sa détresse [3].

Au bout de quelques pas, Marianne aperçoit par terre une belle montre d'argent bien brillante. Soudain, sa figure s'illumine de joie, mais d'une joie fugitive, vous allez savoir pourquoi : elle entrevoit le moyen de donner du pain à ses enfants. Alexis s'écrie : « Maman, quel bonheur ! une belle montre, nous voilà riches ! — Mon enfant, répond la mère, qui avait repris son sang-froid, cette montre n'est pas à nous, nous n'avons pas le droit de nous l'approprier [4] ; ce serait un vol et il n'y a jamais eu de voleur dans notre famille ; allons porter notre trouvaille chez le commissaire de police. » Et l'honnête Marianne se dirige vers le commissaire, qui lui remet un reçu. De là, la conscience tranquille, elle va chez sa cliente, qui, heureusement, lui acquitte sa note. La famille avait du pain pour un jour, mais à chaque jour suffit son mal.

Maintenant, j'ai à vous dire quelque chose qui va vous faire plaisir. Grâce à son reçu, la bonne Marianne, au bout d'un an et un jour, alla chercher la montre, qui n'avait pas été réclamée et dès lors lui appartenait. Elle la vendit quarante francs à un horloger. Une fortune pour des pauvres !

Mots expliqués. — 1. *Huche,* coffre pour le pain. — 2. *Minime,* très petite. — 3. *Détresse,* misère, manque de ressources. — 4. *S'approprier.* prendre pour soi.

Idées à développer. — Racontez l'histoire de la montre. — Qu'est-ce qui rendait la probité de Marianne plus méritoire ? — Si vous trouvez des objets qui ont été perdus, qu'en ferez-vous ?

65. — **Le petit Maraudeur** [1].

Fraude.

C'est bien drôle [2], cela. Jules ne peut voir des fruits le long des routes ou dans un jardin sans avoir le désir d'en cueillir.

Hier, passant près d'un verger [3] appartenant à un de leurs voisins, il vit des pommes superbes et pensa en lui-même : « Comme elles sont dorées et appétissantes ! Qu'elles doivent être juteuses ! Je veux y

goûter ! » Et il se glisse par un petit trou de la haie, abat des pommes et vite, vite, en remplit ses poches autant qu'elles peuvent en tenir.

Soudain[4], Jules entend marcher ; il regarde. C'est le voisin qui approche, l'air pas commode du tout, tenant un bâton à la main. Comment faire ? Jules s'élance vers la haie et veut se faufiler[5] par où il est entré. Impossible de passer : ses poches sont trop grosses. Il a beau se secouer, se démener, la tête avance, le corps reste, — vous voyez cela d'ici, — et... le voisin a le temps d'arriver et d'administrer une bonne correction au petit maraudeur : il lui tire les oreilles, lui caresse les mollets d'une singulière manière avec son bâton, lui désemplit les poches et lui dit : « Va maintenant, petit ; cela t'apprendra à respecter le bien d'autrui. »

Mots expliqués. — 1. *Maraudeur*, celui qui vole des fruits. — 2. *Drôle*, étrange et plaisant. — 3. *Verger*, lieu planté d'arbres fruitiers. — 4. *Soudain*, tout à coup. — 5. *Se faufiler*, se glisser adroitement.

Questions. — Racontez ce qu'a fait Jules. — Dites ce qui lui est arrivé. — Marauder, est-ce voler ?

Voler, même de petites choses, est toujours grave. On dit avec raison : Qui vole un œuf arrive à voler un bœuf.

66. — La Miche de pain et la Motte de beurre.

Indélicatesse.

Un gros boulanger-pâtissier d'une ville de Normandie prenait le beurre dont il avait besoin chez un bon cultivateur des environs. Celui-ci, en retour, prenait chez son client le pain de chaque jour ; c'était chose convenue entre eux. Un matin, il sembla au boulanger que les mottes de beurre, qui devaient peser trois livres [1] chacune (1 500 grammes), n'avaient pas le poids convenu ; il se mit donc à les peser et constata [2] plus ou moins de déficit [3]. Notre homme perdit patience et porta plainte contre son vendeur. Le juge fait comparaître [4] celui-ci à son tribunal.

« Avez-vous des balances ? lui demanda-t-il.

— Oui, monsieur le juge.

— Et des poids ?

— Je n'en ai pas.

— Comment alors pouvez-vous peser votre beurre ?

— C'est bien simple, répond le paysan. Depuis que le boulanger m'achète du beurre, je prends mon pain chez lui ; la miche [5] est de trois livres : c'est son pain qui me sert de poids. Si le poids n'y est pas, c'est sa faute et non la mienne. »

Inutile de dire que le paysan fut acquitté. Comme morale, disons avec La Fontaine :

Trompeurs, c'est pour vous que j'écris ;
Attendez-vous à la pareille.

Mots expliqués. — 1. *Livre*, ancien poids équivalant à 500 grammes. — 2. *Constata*, reconnut avec certitude. — 3. *Déficit*, ce qui manquait. — 4. *Comparaître*, se présenter devant une autorité, ici devant le juge. — 5. *Miche*, pain de forme ronde, plat en dessous, un peu bombé dessus.

Idées à développer. — Qui le premier avait été trompeur ? — Comment le boulanger fut-il bien attrapé ? — Quelle est la morale de cette histoire ?

---

67. — Montrez-moi patte blanche !

Prudence.

« Mon enfant, dit la Bique[1] à son Biquet[2], pendant que je vais brouter, tiens-toi tranquille à notre logis. Le loup cruel rôde aux environs. Si on frappe, n'ouvre pas, à moins qu'on ne te dise les mots convenus avec nos amis : « Foin du loup[3]. »

Et, en sortant, la mère Bique ferme soigneusement sa porte au loquet.

Or, le loup, caché derrière un buisson, avait entendu la Bique.

Dès qu'il la voit partie, il frappe à la porte : Pan, pan, pan ! prend une voix douce et dit : « Foin du loup ! »

Le glouton⁴, qui croyait entrer aussitôt, remuait déjà les mâchoires...

Mais le Biquet, qui avait fait bien attention aux paroles de sa mère, répond à travers la porte : « Montrez-moi patte blanche, ou je n'ouvre pas. — Patte blanche ! répète le loup étonné. Les chèvres ont la patte blanche, mais les loups, jamais ! » Et, fort dépité⁵, il s'en retourne chez lui.

Que serait devenu le Biquet s'il n'eût été obéissant et prudent? Eh bien! il serait... dans le ventre du loup!

Mots expliqués. — 1. *Bique,* nom vulgaire de la chèvre. — 2. *Biquet,* le petit de la chèvre. — 3. *Foin du loup!* mépris pour le loup; qu'on le fuie! — 4. *Glouton,* qui mange avec avidité. — 5. *Dépité,* très fâché.

Idées à développer. — Que doit faire un enfant pour qu'il ne lui arrive pas de mal ? — Que serait-il arrivé si le biquet avait été étourdi, s'il n'avait pas bien écouté ce que lui avait dit sa mère la bique ? — Dites ce que démontre cette fable.

68. — Une correction bien méritée.

Ne pas se moquer des estropiés.

Un homme, jeune encore, à la figure martiale¹, marchait dans la rue avec difficulté. Il boitait et était obligé à chaque pas de faire un effort pour que sa jambe droite pût avancer. Trois petits garçons le suivaient assez loin par derrière, en riant, et tâchaient d'imiter la démarche de l'estropié [2].

Un passant vit leur mauvaise action, s'approcha vivement d'eux et leur dit avec indignation : « Quoi! petits misérables, vous vous moquez d'un homme qui a été blessé en défendant la patrie, qui a répandu son sang pour la France! Vous êtes donc des lâches? » Et, ce disant, il les secoua rudement et leur administra une bonne correction. Ils l'avaient bien méritée.

Il faut être méchant pour se moquer des infirmités naturelles et contrefaire [3] les estropiés.

Mots expliqués. — 1. Figure *martiale*, énergique, rappelant Mars, dieu de la guerre. — 2. *Estropié*, celui qui n'a pas l'usage ordinaire de ses membres. — 3. *Contrefaire*, imiter en se moquant.

Idées à développer. — Si vous aviez une infirmité, si vous étiez sourd, boiteux ou aveugle, que diriez-vous si on se moquait de vous? — Quelle résolution prenez-vous pour n'avoir jamais mauvais cœur envers les infirmes?

69. — L'Écorce d'orange.

Bonté.

Laure se promenait un jour avec son frère André; les deux enfants se tenaient sous le bras et marchaient gaiement devant leur mère qui causait avec une amie. On était sur le trottoir. A un moment, Laure aperçut devant elle un morceau d'écorce d'orange; vite elle s'avance et pousse cette écorce du pied pour la faire tomber au bas du trottoir.

Un peu plus loin, elle voit un éclat de verre de bouteille et elle agit comme pour l'écorce, elle le fait disparaître. André, ennuyé de lui voir quitter et reprendre son bras, lui dit d'assez mauvaise humeur : « Mais, que fais-tu donc ainsi? — Ah! tu veux le savoir, répond sa sœur ; eh bien, voici : une fois, j'ai vu une vieille dame qui est tombée sur le trottoir et s'est tuée, parce que son pied avait glissé sur une écorce d'orange. Maintes fois, dans les mêmes circonstances, des passants se sont blessés grièvement. C'est pourquoi jamais je ne vois sur mon chemin un petit objet qui peut être la cause d'un accident, sans que je l'enlève. Cela me fait plaisir de penser que j'évite ainsi des chutes qui peuvent être mortelles...

— Bravo! Laure ; je te félicite de ton action, lui dit son frère étonné et ému; à l'occasion, je t'imiterai. »

Idées à développer. — Comment trouvez-vous les actions prévoyantes de Laure ? — Êtes-vous disposé à l'imiter ?

---

70. — L'Aveugle et le Paralytique [1].

Aidons-nous mutuellement [2],
La charge des malheurs en sera plus légère;
   Le bien que l'on fait à son frère
Pour le mal que l'on souffre est un soulagement.
Confucius [3] l'a dit : suivons tous sa doctrine [4];
Pour la persuader aux peuples de la Chine,
   Il leur contait le trait suivant :

   Dans une ville de l'Asie
   Il existait deux malheureux,
L'un perclus [5], l'autre aveugle, et, pauvres tous les deux.
Ils demandaient au Ciel de terminer leur vie;

Mais leurs cris étaient superflus[6] :
Ils ne pouvaient mourir. Notre paralytique,
Couché sur un grabat[7] dans la place publique,
Souffrait sans être plaint : il en souffrait bien plus.

    L'aveugle, à qui tout pouvait nuire,
    Était sans guide, sans soutien,
    Sans avoir même un pauvre chien
    Pour l'aimer et pour le conduire.
    Un certain jour il arriva
Que l'aveugle, à tâtons, au détour d'une rue,
    Près du malade se trouva ;
Il entendit ses cris, son âme en fut émue :
    Il n'est tel que les malheureux
    Pour se plaindre les uns les autres.
« J'ai mes maux, lui dit-il, vous, vous avez les vôtres,
Unissons-les, mon frère, ils seront moins affreux.
— Hélas ! dit le perclus, vous ignorez, mon frère,
    Que je ne puis faire un seul pas ;
    Vous-même, vous n'y voyez pas.
A quoi nous servirait d'unir notre misère ?
— A quoi ? répond l'aveugle ; écoutez : à nous deux
Nous possédons le bien à chacun nécessaire :
    J'ai des jambes, et vous des yeux ;
Moi, je vais vous porter, vous, vous serez mon guide :
Vos yeux dirigeront mes pas mal assurés[8] ;
Mes jambes, à leur tour, iront où vous voudrez.
Ainsi, sans que jamais notre amitié décide
Qui de nous deux remplit le plus utile emploi[9],
Je marcherai pour vous, et vous verrez pour moi. »

FLORIAN.

Mots expliqués. — 1. *Paralytique*. celui qui est privé de mouvement. — 2. *Mutuellement*, les uns les autres. — 3. *Confucius*, philosophe chinois. — 4. *Doctrine*, enseignement. — 5. *Perclus*, qui ne peut se mouvoir. — 6. *Superflus*, inutiles. — 7. *Grabat*, pauvre lit. — 8. *Mal assurés*. tremblants, incertains. — 9. *Utile emploi*, rend le plus de service.

71. — Le Livre des petits enfants.

Chérissez toujours votre livre ;
C'est l'ami de vos jeunes ans ;
C'est lui qui vous apprend à vivre :
Aimez-le bien, petits enfants.

Je le sais, parfois, dans la rue
Ses feuillets vous semblent pesants ;
Cependant leur poids diminue
Plus on lit bien, petits enfants.

Il renferme de belles fables,
Des contes très intéressants,
Beaucoup d'histoires admirables...
Apprenez-les, petits enfants.

Vous y verrez des enfants sages
Devenir des hommes savants,
Quelquefois de grands personnages...
Imitez-les, petits enfants.

L. Blanchard.

TABLE DES MATIÈRES

Paris. — Imp. Larousse, 17, rue Montparnasse